AF242572

RAPPORT

SUR LES

OPÉRATIONS DU CONSEIL DE RÉVISION

DANS LE DÉPARTEMENT DU NORD,

Pendant l'année 1841,

Par le Docteur CAZENEUVE,

PROFESSEUR A L'HOPITAL-MILITAIRE DE LILLE, ASSISTANT LE CONSEIL DE RÉVISION.

———

LILLE.

IMPRIMERIE DE L. DANEL, GRANDE-PLACE.

1842.

RAPPORT

SUR

LES OPÉRATIONS DU CONSEIL DE RÉVISION

DANS LE DÉPARTEMENT DU NORD,

Pour l'année 1841.

Td 140 / 17

RECRUTEMENT
DE L'ARMÉE.

Département du Nord.

CONTINGENT
DE LA CLASSE DE 1840.

Année 1841.

RAPPORT

ADRESSÉ A M. LE PRÉFET DU NORD,

SUR

LES OPÉRATIONS DU CONSEIL DE RÉVISION

Pendant l'année 1841;

RAPPORT DANS LEQUEL SONT EXAMINÉES LES CAUSES DE DÉTÉRIORATION DES HOMMES
DANS LES VILLES DE FABRIQUES ;

Suivi de

QUELQUES CONSIDÉRATIONS SUR LES MALADIES QUI ENTRAINENT LA RÉFORME ;

Par le D.ʳ CAZENEUVE,

Professeur à l'Hôpital-Militaire de Lille, assistant le Conseil de révision.

LILLE.

IMPRIMERIE DE L. DANEL, GRANDE-PLACE.

1842.

RAPPORT

SUR

LES OPÉRATIONS DU CONSEIL DE RÉVISION

DANS LE DÉPARTEMENT DU NORD,

Pour l'année 1841.

MONSIEUR LE PRÉFET,

Vous avez pensé que l'examen des maladies qui, tous les ans, nécessitent la réforme des individus inscrits sur la liste du contingent du département du Nord ; que la nature de ces maladies, placée en regard des habitudes de ces mêmes individus, pourraient offrir quelque utilité. Vous avez bien voulu me confier ce travail, dont j'apprécie l'importance et les difficultés. Je vais l'aborder sans avoir la prétention de triompher de ces difficultés ; je m'estimerai heureux, si je suis parvenu à faire sentir l'utilité d'un travail de ce genre, à mes collègues qui assistent annuellement les conseils de révision, et si j'ai pu leur tracer une marche à suivre.

Je vais 1.° jeter un coup-d'œil rapide sur la topographie du département ;

2.° J'énoncerai sous forme de tableau les maladies qui, dans chaque arrondissement, ont nécessité le renvoi des hommes. J'établirai le même travail pour chaque canton ; je rechercherai ensuite la cause du mal et les remèdes à employer ;

3.° Dans une troisième partie enfin j'étudierai quelques maladies considérées d'après la loi comme devant entraîner la réforme. Si les réflexions que j'ai faites sur ces maladies, sur leur simulation, sur les moyens de reconnaître ces simulations m'offrent quelques déductions utiles, vous me permettrez, j'espère, de les consigner dans ce travail. Si j'ai mis assez de raison dans cet examen, si d'autres que moi arrivaient au même résultat, on pourrait peut-être modifier la loi sur le recrutement; donner une grande uniformité de pensées à tous les conseils de révision, ce qui n'existe pas aujourd'hui.

Nous devions prendre l'initiative dans un travail du genre de celui-ci, car le département du Nord, classé le deuxième pour la population comparée à l'étendue du terrain, est le premier pour le recrutement; il pouvait nous offrir de nombreux matériaux à étudier.

CHAPITRE PREMIER.

TOPOGRAPHIE.

ARTICLE PREMIER.

Le département du Nord est situé entre les 0° 13' à l'ouest et 2° 3' à l'est du méridien de Paris; entre les degrés de latitude 49° 58', 51° 5'; de longitude, 0° 2' 23" et 1° 35' 47".

Sa forme est allongée, rétrécie à son milieu: assez grand, arrondi à ses deux extrémités.

Son étendue est de 5,784 kilomètres carrés et 35 centièmes de kilomètre, ou 578,435 hectares. Le sol, plane au centre du département, dans les arrondissements de Lille, Douai, est montueux à l'une de ses extrémités, l'arrondissement d'Avesnes. Du côté de Cassel existent aussi des accidents de terrain fort beaux.

Ses principales villes par leur population sont Lille, Dunkerque, Valenciennes, Douai, Cambrai, Roubaix, Tourcoing, Hazebrouck, Bailleul, Avesnes.

Sa population est de 1,085,298 habitants, d'après le recensement fait en 1841.

Les habitants y sont en général assez grands.

La taille moyenne des jeunes soldats de cette année est de 1 mètre 675 millimètres. Peut-être, si l'on avait fait entrer dans cet examen la taille des individus n'ayant pas 1 mètre 560 millimètres, la moyenne serait moins élevée. Je dis peut-être, car le chiffre total des réformés est de 3,890; celui des défauts de taille ne figure là que pour 265. Il est probable qu'un balancement entre tous ces individus réformés n'aurait pas donné une moyenne bien différente. Au reste, si l'on veut arriver à une appréciation rigoureuse, il faudra prendre, devant le conseil, la taille de tous les hommes bons et mauvais, car il en est parmi les hommes réformés de très grands et de très petits ; au reste, le département est, dans la statistique générale, classé le douzième pour la taille des jeunes soldats.

La santé des habitants est généralement bonne. Dans les grandes villes, à Lille par exemple, la phthisie pulmonaire est la maladie qui tue le plus de monde: elle prend le plus souvent ses victimes dans la classe pauvre, parmi les ouvriers. Nous en examinerons plus loin les causes. J'ai dit que la santé des habitants était généralement bonne : en effet, Lille offre moins de malades que d'autres villes qui ont une garnison moins forte et qui semblent au premier aspect offrir bien plus de conditions de salubrité.

En général la population est aisée. Dans les principaux centres d'industrie seulement, on trouve un grand nombre d'individus ne possédant rien. A Lille, sur une population de 72,537 habitants, 21,447 sont inscrits sur la liste des indigents ; à Roubaix, sur 22,503 habitants, 760 sont secourus comme indigents.

Le calme, la soumission, un jugement sain forment le fond

du caractère des habitants, qui aiment en général beaucoup leur famille.

L'instruction est assez généralement répandue : le plus grand nombre d'enfants de douze ans sait lire. Aujourd'hui, à vingt ans, nous avons les proportions suivantes : sur 9,234 inscrits, 5,464 savaient lire, ou lire et écrire; 3,769 ne savaient ni lire, ni écrire.

L'agriculture y est très avancée : on ne voit pas de jachères. Le blé, l'avoine, le colza, les fèves, le lin, les prairies artifi-cielles, y sont surtout cultivés ; le terrain y est bon. C'est au travail, aux fumures régulières, fréquentes, et aussi à l'humidité habituelle du sol, qu'on doit sa fertilité, et cependant les capitaux y sont tellement nombreux, le désir de posséder un fonds de terre y est si répandu, le prix des terres est si élevé, qu'elles ne produisent qu'un et demi, deux pour cent, moins que dans plusieurs départements méridionaux, où le sol est moins fertile, mais aussi moins cher. La culture de la betterave, les capitaux consacrés à la fabrication du sucre, ne me semblent pas étran-gers à ce résultat.

Les arrondissements de Dunkerque, de Douai, offraient autre-fois des marais ; les inondations de la Scarpe étaient communes : de là des fièvres intermittentes, des scrofules. Aujourd'hui, par des travaux bien dirigés, on a desséché les marais, on a canalisé la Scarpe et fait disparaître, en partie, ces causes d'insalubrité.

Les principales industries sont le tissage des laines, du coton, du fil ; les filteries, les filatures de laine, de coton ; les fabriques de céruse, de sucre ; les distilleries de grains, les brasseries, le commerce des huiles, des grains. Valenciennes est devenu important par l'exploitation des houillières. Dunkerque est surtout une ville de transactions ; dans une partie de cet arrondissement, et presque tout l'arrondissement d'Avesnes, on élève un grand nombre de bestiaux, qui servent à approvisionner les marchés du département, et qu'on envoie aussi à Poissy, à Sceaux.

Les transactions commerciales y sont en général sûres ; on voit peu de faillites en comparaison du grand nombre d'affaires conclues dans les villes. Les crimes, les délits y sont aussi moins fréquents que dans d'autres départements. En 1836, nous trouvons 26 condamnations pour crimes contre personnes, et 59 pour délits contre les propriétés. Le rapport du nombre des accusés avec la population est, pour tout le royaume, de 1 accusé sur 4,638 habitants ; ce rapport a été de 1 sur 8,082 habitants pour le département du Nord.

Les aliments y sont de bonne nature. Les légumes, les fruits toutefois y sont moins bons qu'aux environs de Paris, que dans le Midi.

La bière est la boisson habituelle du pays ; elle y est bonne. La classe aisée fait usage de bons vins ; la classe pauvre, au contraire, boit de l'eau, du genièvre, de l'eau—de—vie de grains, de la bière.

ARTICLE DEUXIÈME.

Disons deux mots de chacune des principales villes.

1.º *Lille*, chef-lieu du département, est une grande ville, bien bâtie, traversée par des canaux, ce qui, avec l'humidité du climat, contribue à la rendre très-humide. Les rues y sont en général spacieuses, bien percées. Des maisons vastes, avec cour et jardin, sont occupées par une, deux familles. On y trouve dans l'intérieur un luxe, un confortable bien entendus. Au contraire, dans certains quartiers, habités par des ouvriers, on voit des maisons peu aérées, peu éclairées, disposées par chambres rapprochées : chacune d'elles renferme une famille plus ou moins nombreuse. Ces chambres sont à peine éclairées, donnent sur une cour humide, mal pavée, infecte.

Dans le quartier Saint-Sauveur, un grand nombre de caves, à peine éclairées, ne recevant le jour que par une ouverture, qui sert de porte d'entrée et de fenêtre, sont encore habitées. C'est là que logent entassés trois, quatre enfants et souvent des animaux. Le loyer de chacune de ces chambres nues est de 6 à 8 francs par mois, où 72, 96 francs par an.

Lille n'offre aucun monument remarquable : tout y est établi sous le point de vue commercial ; seulement les hôpitaux y sont bien bâtis, spacieux ; l'hôpital général est surtout très-bien disposé. Il y a un jardin botanique, un muséum d'histoire naturelle, un hôpital militaire d'instruction très-beau.

2.° Avant de quitter l'arrondissement de Lille, je dirai que Roubaix est une ville récemment bâtie, assez spacieuse ; qu'une partie des ouvriers habitent des maisons bâties en forme de casernes, de quartiers, dans lesquels de petites maisons commodes, quelques-unes avec un jardin, sont louées à une famille. Ces bâtiments sont en dehors de la ville ; les ouvriers y rentrent tous les soirs quand ils travaillent dans Roubaix, où les habitent constamment. Ils ont là leurs métiers.

3.º *Tourcoing* est aussi une ville manufacturière, renfermant beaucoup d'ouvriers occupés dans les filatures de laine, dans les fabriques de tapis. Roubaix porte une grande atteinte au commerce de Tourcoing, en revanche celle-ci a des hommes plus beaux, d'une meilleure santé. En effet, la proportion des hommes réformés aux hommes valides a été d'un sur 3,45 à Roubaix, à Tourcoing elle a été d'un sur 2,70.

Ces trois villes sont entourées de terrains fertiles, bien cultivés et d'une magnifique végétation.

4.º *Douai* est une ville bien bâtie, spacieuse, très–étendue pour sa population. Elle est surtout habitée par des rentiers; le défaut de commerce en rend le séjour triste. Autrefois des scrofules, des fièvres intermittentes existaient très nombreuses dans l'arrondissement. Des travaux bien dirigés pour la canalisation de la Scarpe, le desséchement des marais, ont diminué de beaucoup le nombre de ces maladies.

5.º *Cambrai* a grandi depuis quelques années par l'arrivée des ouvriers employés au tissage des laines, dans les fabriques du café–chicorée. La ville n'offre du reste rien de particulier quant à la salubrité.

Dans cet arrondissement existent quelques cantons manufacuriers, dans lesquels ont reflué les ouvriers. Il y a quinze ans, pas une seule fabrique n'existait au *Câteau;* aujourd'hui une d'elles occupe douze mille ouvriers. Les cantons de Carnières, de Clary sont surtout habités par des individus travaillant au métier, dans des caves ou des chambres étroites, humides, situées au rez-de-chaussée. C'est à cette cause, à n'en pas douter, qu'il faut rapporter les mauvaises constitutions, les scrofules, les hommes rabougris que nous avons trouvé en grand nombre dans ces deux cantons. A Clary, la proportion des hommes valides aux réformés a été d'un sur trois. Il y a à peine vingt ans, c'est au Câteau et ses environs que le recrutement se faisait surtout pour les hommes de taille; aujourd'hui la moyenne de sa taille est la plus basse de tous les cantons de l'arrondissement de Cambrai et presque de tout le département. Deux cantons seulement, Dunkerque et Wormhoudt, sont un peu au-dessous de celui du Câteau.

6.º *Valenciennes* est une ville assez spacieuse, assez bien bâtie, habitée par des ouvriers mineurs dans certains quartiers. Je n'ai rien de particulier à dire sur la salubrité de cette ville. Quant aux mineurs, ils vivent dans les fosses, où, couchés à plat ventre, ils détachent et font éclater des fragments de charbon, qu'on retire par les tonnes. Ils ne respirent à l'air libre et ne voient le soleil que toutes les douze heures; aussi sont-ils pâles, étiolés, petits, blêmes, sans poils, avec de petits testicules, des cheveux d'une teinte rougeâtre; leur haleine est fétide, leur dos est labouré par des cicatrices résultant des écorchures opérées par les charges qu'ils portent sur le dos. La nourriture de ces ouvriers est du reste assez bonne; ils mangent de la viande deux, trois fois la semaine. Ce qui leur manque, c'est l'air et le soleil pendant leur séjour souterrain. On allume bien un foyer dans la mine, afin de favoriser le renouvellement de l'air; mais ce renouvellement ne se fait pas sentir, ou très-peu, dans les petites fosses, les petites chambrées où travaillent les ouvriers. Et d'ailleurs, l'influence toute bienfaisante du soleil n'est pas remplacée. Ces hommes éprouvent dans les fosses un véritable étiolement, de même qu'on voit pâlir, se flétrir, se faner une plante privée de rayons solaires et n'étant pas frappée par un air suffisamment renouvelé.

7.º *Bouchain* est aussi une ville renfermant beaucoup d'ouvriers occupés à l'exploitation des mines. Sa position, dans une vallée humide, contribue encore à la détérioration de la constitution des hommes. Aussi avons-nous trouvé beaucoup de scrofuleux, de rachitiques, de mauvaises constitutions, d'hommes étiolés, comme à Valenciennes.

8.º *Hazebrouck* est une petite ville assez bien bâtie, assez spacieuse. Tout l'arrondissement est magnifique de végétation. Le sol est plane, ombragé, sillonné de petits canaux, dont les débordements inondent de grandes prairies. Du côté de Merville surtout on observe ces inondations. Nous avons trouvé dans ce dernier canton un bon nombre de scrofuleux.

9.º *Avesnes* est aussi une petite ville, chef-lieu de l'arrondissement de ce nom. Elle est bâtie sur un coteau et tout l'arrondissement offre des accidents de terrain; il est montueux, tapissé de prairies, de verdure. Les occupations y sont essentiellement agricoles; des travailleurs dans la forêt de Mormal, des sabotiers, des scieurs de long, des scieries, des carrières de marbre, des ouvriers travaillant dans les forges, les hauts-fourneaux; on y élève beaucoup de bestiaux. L'air y est très-vif:

il y a peu d'eau et seulement dans les bas-fonds, dans les vallées, où l'on voit quelques goîtres.

La constitution générale des hommes y est excellente. Dans les cantons de Bavay et du Quesnoy-Ouest, sur 128 hommes 66 ont été trouvés bons, et toutes les réformes ont été prononcées pour des exemptions légales, ou pour des maladies accidentelles, à *l'exception de deux* qui l'ont été pour mauvaise constitution. La moyenne de la taille de ces deux cantons est de 1 mètre 706 millimètres, tandis que celle des cantons de Lille-Centre et Lille-Ouest est de 1 mètre 669 millimètres. Dans les deux cantons de Bavay et du Quesnoy, nous n'avons pas trouvé de scrofules, de bossus, d'ankyloses. Par avance, je dirai que les occupations des hommes, leurs mœurs, leurs habitations nous expliquent ces particularités; elles nous expliqueront aussi les goîtres que nous n'avons trouvé que dans l'arrondissement d'Avesnes. Ce sont les cours d'eau au bas des collines, les vents froids et humides dans ces lieux qui amènent cette maladie: les Pyrénées, les Vosges, les Alpes nous l'enseignent.

10.º *Dunkerque* est une ville de commerce tout de transit. Sa position topographique explique très–bien son commerce et ses occupations. Le port occupe un grand nombre d'individus. La pêche au long cours prend aussi un assez grand nombre d'individus. C'est l'arrondissement de Dunkerque qui fournit nos hommes pour la marine. En général la constitution y est bonne: l'air vif, les fatigues en plein air, une ville spacieuse, bien bâtie, bien percée, l'expliquent assez. Toutefois, bien des caves sont encore habitées; il serait intéressant de rechercher si les mauvaises constitutions, lès scrofules n'étaient pas fournies par la population habitant ces caves. Aux environs de Dunkerque existaient des marais, qui ont été desséchés en partie, ce qui diminue beaucoup les fièvres intermittentes, qui affectaient autrefois, en grand nombre, les habitants et les garnisons de Dunkerque, de Gravelines.

CHAPITRE DEUXIÈME.

Classement des maladies qui ont nécessité la réforme.

ARTICLE PREMIER.

Avant de tracer le tableau des maladies qui ont nécessité le renvoi des hommes, je vais dire quelques mots sur la manière d'opérer du conseil.

Bien que ce conseil fût renouvelé en partie tous les jours, les membres restants ont imprimé aux opérations une assez grande uniformité ; tous étaient bien persuadés qu'il faut à l'armée des hommes valides ; que la constitution générale devait être soigneusement examinée, et pour ma part, j'ai cru que la capacité du thorax, l'état de la nutrition devait entrer bien plus en ligne de compte, pour les décisions du conseil, que de légères difformités, que des cas même qui, d'après la loi, entraînent la réforme : le varicocèle, les varices, quelques taches eczémateuses par exemple.

J'ai cherché à préciser la nature et le siége de la maladie pour laquelle la réforme était prononcée, afin de pouvoir, au besoin, indiquer les particularités scientifiques de ces mêmes maladies. Ainsi j'ai dit la lésion précise de l'œil, celle de la peau, au lieu de prendre le terme générique, dartres, borgne.

Si plusieurs maladies existaient et si elles me paraissaient dépendre d'une mauvaise constitution, de scrofules, la réforme a été prononcée pour scrofules et mauvaise constitution. Nous avons compris, sous cette dernière dénomination, les individus maigres, pâles, dont la nutrition était profondément altérée, soit par une phthisie commençante, soit par une phlegmasie interne, une mauvaise nourriture, des habitations malsaines: tous les individus étiolés en un mot.

Ceux qui ont été renvoyés comme faibles de complexion, étaient peu développés, avec un ton de chair assez bon, pouvant prolonger une vie paisible et commode, mais ne pouvant supporter les fatigues de la guerre. Dans ces deux acceptions *mauvaise, faible constitution*, il devait y avoir beaucoup de variétés: ici peu prononcées, là très graves. De plus, cela dépendait du jugement porté qui est toujours relatif; ainsi, à côté d'hommes à forme herculéenne, un individu pourra paraître d'une faible constitution, qui ne l'aurait pas paru s'il avait été examiné après une série d'hommes moins forts, moins vigou—reux. En général dans les villes, surtout les villes manufactu—rières, les individus faibles et de mauvaise constitution étaient plus faibles, plus mauvais que dans les arrondissements, les cantons agricoles.

Sous le nom de mauvaise poitrine on a désigné les difformités (aplatissement, rétrécissement, irrégularité du thorax) de cette cavité. Il en est de même des mauvais bras, mauvaises jambes, mauvais pieds, quand les mots de cagneux, de pieds-plats n'ont pas été prononcés.

Sous les noms de déviation, incurvation de la colonne, nous

avons compris les déviations latérales, ou en arrière sans grande difformité. Quand celle-ci était bien marquée, on l'a nommée gibbosité. Je ne dirai rien des autres dénominations, leur acception étant comprise de la même manière par tout le monde.

Nous allons tracer par arrondissement le tableau des cas qui ont nécessité le renvoi des hommes ; nous classerons ces arrondissements en agricoles, mixtes ou agricoles et industriels, essentiellement industriels. Ici comme dans toute division arbitraire, il est difficile d'établir les limites de ces divisions. Ainsi un arrondissement n'est pas tout agricole, n'est pas tout industriel, occupé d'usines, de manufactures ; j'ai dû prendre ce qui existait de plus général dans ces fractions départementales.

TABLEAU de classement des maladies qui ont nécessité la réforme des individus inscrits dans chaque arrondissement.

DÉSIGNATION des MALADIES.	ARRONDISSEMENTS							TOTAL DES RÉFORMES.
	AGRICOLES.			MIXTES.		INDUSTRIELS.		
	Avesnes.	Douai.	Hazebrouck.	Dunkerque.	Cambrai.	Valenciennes.	Lille.	
Idiotisme................	2	4	3	3	4	5	2	23
Épilepsie................	1	»	2	2	»	3	3	11
Danse de St.-Guy........	1	»	»	»	1	»	»	2
Teigne.................	1	1	4	3	»	1	2	12
Alopécie, suite de teigne...	3	2	4	6	»	3	4	22
Calvitie................	»	»	1	»	»	2	3	6
Albinisme...............	1	»	»	»	»	»	1	2
Ulcère du cuir chevelu.....	»	»	»	»	»	1	»	1
Imperforation de l'oreille gau.	»	1	»	»	»	»	»	1
Otorrhée chronique.......	»	»	»	»	»	1	1	2
Surdité.................	4	2	1	1	3	2	7	20
Surdi-mutité............	»	»	»	2	1	1	»	4
Perte des cils...........	»	»	1	2	3	1	»	7
Ophthalmie chronique.....	»	3	2	»	1	2	8	16
Taies sur la cornée.......	9	7	8	8	10	5	25	72
Iritis chronique..........	2	2	»	1	2	»	3	10
Cataracte...............	2	1	3	1	1	2	7	17
Amaurose...............	»	»	»	»	»	1	1	2
Borgne par suite de fonte de l'œil.	»	3	»	3	5	1	8	20
Ptérigion...............	»	»	»	»	»	2	»	2
Myopie.................	»	3	2	1	2	1	10	19
Strabisme..............	3	1	3	1	»	2	3	13
Punais, ozène...........	»	»	»	»	1	»	»	1
Bec-de-lièvre...........	»	»	»	»	1	»	»	1
Bégaiement.............	3	2	4	»	1	»	7	17
Mauvaise denture........	13	4	2	3	19	6	21	68
Goître.................	11	»	»	»	2	1	»	14
Palpitations............	1	»	»	»	»	»	»	1
Rétréciss.ᵗ des orifices du cœur.	»	»	»	»	1	»	1	2
Emphysème pulm.ʳᵉ, asthme	»	»	»	»	»	»	2	2
Phthisie pulmonaire.......	2	1	»	2	4	1	11	21
A REPORTER.....	59	37	40	39	62	44	130	411

DÉSIGNATION des MALADIES.	ARRONDISSEMENTS							TOTAL DES RÉFORMES.
	AGRICOLES.			MIXTES.		INDUSTRIELS.		
	Avesnes.	Douai.	Hazebrouck.	Dunkerque.	Cambrai.	Valenciennes.	Lille.	
Report.....	59	37	40	39	62	44	130	411
Pleurite................	1	»	»	»	»	»	»	1
Mauvaise poitrine.........	13	15	8	2	32	6	16	92
Mauvaise constitution......	38	55	50	47	110	129	141	570
Scrofules...............	13	3	18	13	9	20	63	139
Cicatrices adhérentes de nature scrofuleuse........	»	»	5	3	4	3	6	21
Cicatrices adhérentes non scrofuleuses...........	3	3	»	2	1	»	3	12
Faible complexion........	26	51	69	50	55	40	140	431
Incurvation de la colonne vertébrale.............	»	»	3	2	6	1	8	20
Gibbosité................	8	7	9	9	12	10	20	75
Hydropisie...............	»	»	»	»	»	1	1	2
Paralysie................	»	»	»	»	»	»	1	1
Fistule à l'anus..........	»	»	»	»	»	»	2	2
Hernie ombilicale.........	»	1	»	»	»	»	»	1
Hernie inguinale droite....	4	5	2	5	7	6	16	45
Hernie inguinale gauche*...	4	3	1	2	7	5	13	35
Hernie crurale droite......	1	»	»	»	1	1	1	4
Hernie crurale gauche......	»	»	»	»	»	»	»	»
Varicocèle avec bonne constitution**.............	17	15	21	25	25	22	36	161
Varicocèle avec mauvaise constitution**.............	8	10	13	11	9	11	38	100
Hydrocèle...............	4	»	»	»	»	1	6	11
Hydro-sarcocèle...........	1	»	5	»	1	1	1	9
Hypo-spadias.............	»	3	1	»	3	»	1	8
Atrophie des organes génitaux	»	1	»	»	»	1	»	2
Difformité du bassin......	»	3	»	»	»	»	»	3
Fracture de la cuisse......	3	»	»	»	2	»	1	6
Fracture de la jambe......	»	»	»	»	4	»	1	5
Fracture de la clavicule....	1	»	1	»	»	1	»	3
A reporter.....	204	212	246	210	350	303	645	2170

* 2 étaient congéniales : droite, gauche.

** A l'exception d'un seul, tous étaient à gauche.

DÉSIGNATION des MALADIES.	ARRONDISSEMENTS							TOTAL DES RÉFORMES.
	AGRICOLES.			MIXTES.		INDUSTRIELS.		
	Avesnes.	Douai.	Hazebrouck.	Dunkerque.	Cambrai.	Valenciennes.	Lille.	
Report.....	204	212	246	210	350	303	645	2170
Fracture du bras.........	1	»	»	1	3	»	2	7
Fracture de l'avant-bras....	1	»	»	»	2	2	2	7
Luxation de l'humérus.....	»	»	»	»	1	»	»	1
Luxation du radius en haut.	»	»	»	»	1	»	»	1
Luxation spontanée de la cuisse.	»	1	»	»	»	»	2	3
Claudication.............	1	2	»	»	3	»	»	6
Cagneux.................	3	»	3	1	4	»	13	24
Tumeur blanche.........	2	»	1	2	2	1	8	16
Ankylose complète ou incomplète	2	2	4	5	»	»	7	20
Hydrarthrose.............	1	»	»	»	»	1	»	2
Difformité des jambes, mauvaises jambes..........	»	2	»	»	9	»	»	11
Difformité des pieds.......	3	»	5	3	13	3	17	44
Pied-bot.................	»	»	1	1	3	»	3	8
Pieds plats..............	5	6	6	6	13	3	9	48
Superp., chevauchement des orteils.............	7	7	2	2	11	4	10	43
Martellement............	4	1	2	2	5	1	2	17
Difformité des mains......	4	»	2	2	»	»	»	8
Perte de phalanges........	5	3	2	1	5	1	8	25
Rétraction permanente des doigts.................	1	2	4	3	4	2	7	23
Atrophie du bras.........	3	»	1	1	4	2	6	17
Atrophie de la main ou des doigts.................	1	»	»	»	»	»	»	1
Atrophie du membre abdominal..................	1	»	2	»	»	1	4	8
Amputé du bras..........	»	»	»	1	1	»	»	2
Amputé de la jambe......	»	»	»	»	»	1	»	1
Varices aux jambes.......	8	3	4	4	9	9	23	60
Eczéma chronique........	4	2	3	3	3	4	8	27
Dartres pustuleuses.......	»	»	1	1	»	»	2	4
Pustules syphilitiques......	2	»	»	»	»	»	3	5
Obésité.................	»	»	»	1	»	2	»	3
Brûlure (cicatrices).......	2	»	2	»	»	1	»	5
A reporter	265	243	291	250	446	341	781	2617

DÉSIGNATION des MALADIES.	ARRONDISSEMENTS							TOTAL DES RÉFORMES.
	AGRICOLES.			MIXTES.		INDUSTRIELS.		
	Avesnes.	Douai.	Hazebrouck.	Dunkerque.	Cambrai.	Valenciennes	Lille.	
Report.....	265	243	291	250	446	341	781	2617
Engorgement des jambes...	»	»	1	»	3	»	»	4
Ganglions sur le poignet....	»	»	»	»	»	»	1	1
Exostose du crâne........	1	»	»	»	1	»	»	2
Mort..................	1	»	2	2	2	1	4	12
Défaut de taille..........	25	25	22	18	41	39	95	265
Aîné de veuve...........	26	34	23	20	30	42	50	225
Fils unique de veuve......	16	17	20	17	40	13	43	166
Aîné d'orphelin..........	8	5	10	9	17	10	20	79
Aîné d'impotent..........	»	3	1	»	»	»	»	4
Aîné de septuagénaire......	3	3	7	3	3	3	8	30
Aîné d'un père aveugle.....	»	»	»	»	2	»	3	5
Frère au service ou mort en activité de service......	66	52	47	29	66	71	110	441
Totaux des réformes.......	411	382	424	348	651	520	1115	3851
Totaux des individus trouvés bons.	316	243	261	242	428	320	646	2456
Totaux des individus examinés..	727	625	685	590	1079	840	1761	6307
Moyenne par arrondissement.	1 sur 2,22	1 sur 2,56	1 sur 2,60	1 sur 2,43	1 sur 2,50	1 sur 2,61	1 sur 2,73	»

Moyenne générale........................ 1 sur 2,57.*

Ainsi en résumé pour 1,000 hommes, il a fallu en examiner 2,570.

Si l'on jette un coup d'œil sur la moyenne de chaque arron—

* Voir, pour le classement des maladies par canton, les tableaux à la fin du rapport.

dissement, on est frappé de voir que celui de Dunkerque a donné pour la moyenne, un chiffre plus bas que celui des arrondissements de Douai et d'Hazebrouck. Il est probable que l'arrondissement de Dunkerque ne se trouverait pas dans une position aussi avantageuse, sans les circonstances suivantes. Le voisinage de la mer fait que bien des individus se livrent très-jeunes à la construction des navires, à des travaux pour la marine, ou s'embarquent pour des voyages de long cours. Ceux ainsi enrôlés sont dispensés du service militaire, mais comptent bons dans le contingent ; il est probable que quelques-uns d'entr'eux auraient été renvoyés par le conseil, pour faiblesse de complexion ou autres infirmités, qui ne les empêchent pas de faire un service dans la marine, ce qui aurait élevé le chiffre des individus examinés et par suite la moyenne proportionnelle. Le nombre des individus ainsi classés n'est pas faible, car dans le canton de Dunkerque-Est, sur 82 individus trouvés bons, 36 étaient déjà classés dans la marine avant leur tirage au sort.

On sera frappé encore de voir la moyenne de l'arrondissement de Cambrai plus faible que celle de Douai, arrondissement agricole. Mais pour établir cette proportion, j'ai fait entrer en ligne de compte les exemptions légales qui varient beaucoup, et comme ces exemptions pourraient élever la moyenne et faire croire à l'insalubrité du sol, j'ai cru devoir déduire ces exemptions légales : j'en ferai de même des exemptions pour défaut de taille, car à la rigueur ce n'est pas là une infirmité, bien qu'il ne soit pas naturel et en harmonie avec une bonne constitution, qu'un homme à vingt ans n'ait pas un mètre 650 millimètres, et à l'appui de cette réflexion, je dirai que ce n'est pas par un simple hasard que les défauts de taille sont plus fréquents dans les arrondissements industriels que dans les agricoles. Ainsi dans celui de Lille 95 ont été réformés pour défaut de taille : 25 seulement l'ont été dans l'arrondissement d'Avesnes. Et même dans la ville de Lille, essentiellement industrielle, 64 individus ont été renvoyés pour défaut de taille : 25 seulement l'ont été dans tout l'arrondissement d'Avesnes.

Quelques individus ont été réformés pour défaut de taille qui, déshabillés, auraient présenté des infirmités. Je dirai toutefois que quand nous avons pu nous assurer de la constitution de ces petits hommes, et que nous l'avons trouvée mauvaise, ils ont été réformés pour cette constitution. Aussi s'il y a une erreur, elle n'est pas très-grave : Voilà du reste un exemple, entre mille autres, de la difficulté des statistiques dans les faits complexes.

Les exemptions légales sont les suivantes : fils aîné, fils unique de veuve, aîné d'orphelin, aîné d'impotent, aîné d'un père septuagénaire, d'un père aveugle, puîné de deux jumeaux, frère au service ou mort en activité de service; les défauts de taille. Ces exemptions déduites, nous trouvons les moyennes suivantes pour chaque arrondissement : je vais les mettre en regard des premières, afin d'en faire mieux saisir les différences.

	1.re MOYENNE.	2.e MOYENNE. les exemptions légales déduites.
Avesnes........	1 sur 2, 30	1 sur 1, 84
Douai........	1 sur 2, 57	1 sur 2, 00
Hazebrouck.....	1 sur 2, 61	1 sur 2, 10

Dunkerque..... 1 sur 2, 43   1 sur 2, 04

Cambrai........ 1 sur 2, 51   1 sur 2, 05

Valenciennes.... 1 sur 2, 62   1 sur 2, 06

Lille.......... 1 sur 2, 73   1 sur 2, 20

Si nous déduisons encore les maladies accidentelles, celles qui n'étaient pas liées à une mauvaise constitution telles que la surdité, la myopie, les taies sur la cornée, le strabisme, la cataracte, le bégaiement, le goître; les difformités des membres, sans y comprendre toutefois les cicatrices scrofuleuses adhérentes; les ankyloses, les fistules scrofuleuses, les atrophies congéniales ou acquises de tout un membre, les luxations spontanées, si souvent liées à une mauvaise constitution. Si nous déduisons, dis-je, les hernies, les varices, l'hypospadias, les varicocèles indépendants d'une mauvaise constitution, ce que je notais avec soin (car je dois prévenir le lecteur que les noms des maladies et leurs particularités ont été pris par moi à mesure que la réforme était prononcée); nous trouvons en définitive la moyenne suivante :

Avesnes.................... 1 sur 1, 51

Douai..................... 1 sur 1, 68

Hazebrouck................ 1 sur 1, 80

Dunkerque................. 1 sur 1, 73

Cambrai .... 1 sur 1, 74

Valenciennes.............. 1 sur 1, 85

Lille..................... 1 sur 1, 87

En comparant la proportion des réformes dans des cantons manufacturiers avec celle des cantons industriels, nous voyons que sur 557 hommes examinés à Lille, Roubaix et Lannoy, 299 ont été trouvés bons, tandis que dans les cantons de l'arrondissement d'Avesnes, sur 390 examinés, 299 ont été trouvés bons. L'avantage est toujours resté aux populations agricoles.

Si je voulais ne compter que les mauvaises constitutions, les scrofules, comme pouvant donner une idée assez précise de l'état sanitaire d'une localité, cet avantage serait mieux établi encore. Ainsi, dans les cantons de Lille–Centre, Lille–Sud–Est, habités par les ouvriers des fabriques ; dans les cantons de Roubaix, de Lannoy, 101 individus ont été réformés pour scrofules et mauvaise constitution : dans les cantons de Valenciennes–Nord et Sud, dans celui de Bouchain, habités par les ouvriers des mines, nous trouvons encore le chiffre 92 ; en tout 193 individus réformés pour scrofules et mauvaise constitution, tandis que dans sept cantons de l'arrondissement d'Avesnes, 17 seulement ont été réformés pour ces maladies.

Ce n'est pas dans la différence du nombre d'individus trouvés bons qu'il faut rechercher l'explication de ce fait, car les sept cantons de l'arrondissement d'Avesnes ont fourni 225 hommes bons ; les sept cantons des arrondissements de Lille et de Valenciennes en ont fourni 335, un tiers en plus, et les réformés ont été dans les proportions de 11/12 en plus dans les seconds que dans premiers.

La même proportion se retrouve encore pour les hommes faibles. A Lille, Roubaix, Lannoy, Valenciennes, le nombre des individus faibles est de beaucoup supérieur à celui que nous avons trouvé dans l'arrondissement d'Avesnes. Ainsi à Lannoy, à Roubaix, déjà si chargés de scrofuleux, de mauvaise constitution, 37 fois la réforme a été prononcée pour faiblesse de complexion ; dix fois seulement ce fait a eu lieu dans les deux cantons le plus chargés de l'arrondissement d'Avesnes, et si j'avais voulu y comprendre les varicocèles liés à une mauvaise constitution , le chiffre de celle-ci aurait beaucoup augmenté à *Lille, Roubaix, Valenciennes*. De plus je rappellerai que dans les villes ci-dessus les individus réformés pour mauvaise constitution, étaient tous très-faibles, maigres, étiolés, tandis qu'à *Avesnes* ces mauvaises constitutions étaient peu marquées.

En cherchant la cause de cette altération de nutrition, j'ai trouvé que dans les quatre cantons de *Lille*, sur 101 , 72 de ces individus étiolés travaillaient dans des filatures de coton, de laine ou pour le tissage des tissus. A Roubaix, sur 22 individus atteints de mauvaise constitution, 18 travaillaient au tissage des tissus. A Valenciennes, sur 92, 70 travaillaient dans les manufactures, les mines, les houillières.

Quelle est la cause directe de ces différences, de ces particularités? C'est ce que je vais examiner dans l'article suivant.

ARTICLE DEUXIÈME.

Examen des causes de la détérioration des hommes dans les villes de fabriques.

Toujours prompts à juger, on a attribué tout le mal au travail dans les manufactures, et comme c'est dans les villes de fabrique que se trouvent ces hommes rabougris, faibles, petits, on a dit : c'est là le fruit des fabriques.

Cette opinion est-elle fondée? Dans l'affirmative, comment agissent les manufactures pour ainsi épuiser ces malheureux ? La chose est assez importante pour devoir m'arrêter un instant : je regrette même de ne pouvoir entrer dans tous les développements que comporterait un sujet de cette nature.

§ 1.er Quand les fabriques se multiplient dans une ville, le nombre d'ouvriers, d'habitants augmente. Les ouvriers occupent des chambres à bon marché, étroites, peu aérées, ne recevant qu'un jour insuffisant. Elles sont dans les quartiers les plus retirés, bas, humides, étroits. Si l'on pénètre dans ces chambres, une odeur âcre prend à la gorge : le sol en est humide. Les meubles consistent en un mauvais lit dur, avec une mauvaise paillasse, sans matelas, sans draps, ou, s'il en existe, ils sont déchirés, sales, lavés tous les trois on quatre mois, et la misère est quelquefois si grande qu'il n'y a qu'une paire de draps ; quand elle est au blanchissage, les ouvriers couchent abrités seulement par une méchante couverture. Les meubles sont vieux, les hardes sales, répandues çà et là. Quelquefois dans ces chambres se trouvent deux lits, des berceaux, un, deux métiers à dévider, un poêle et les ustensiles du ménage.

A Lille, tout un quartier présente cet aspect. Les maisons sont disposées par chambres carrées, isolées, ayant une fenêtre et une porte prenant jour sur un corridor commun : sur une cour humide, infecte. Chaque chambre renferme un ménage (femmes, enfants). Dans un quartier de maison, j'ai vu 40 enfants, 14 ménages complets, et cela dans quatorze chambres contiguës.

C'est là que couchent cinq, six personnes : là que filles et garçons vivent pêle-mêle : là que les père et mère tiennent des propos obscènes, se livrent à des actes dont leurs enfants ne devraient jamais être les témoins : en hiver un poêle en fonte est chauffé par de la houille, ce qui élève beaucoup la température, et l'air est si raréfié qu'on est suffoqué en entrant. C'est là que les ouvriers, leurs enfants, passent 8 à 9 heures par jour. Et je ne parle pas des animaux, des insectes, qui pullulent dans leurs chambres et les empêchent de dormir.

La nourriture habituelle des ouvriers, ce sont des pommes de terre, des légumes, de la salade, des viandes salées, le porc, le saindoux, le poisson salé, le poisson qui a déjà fermenté, les fruits verts ou pourris, un peu de viande fraîche, du bœuf tous les dimanches, quelquefois deux fois par semaine. La vie de ces individus a quelque chose du bohémien.

Ils boivent de l'eau, de la bière commune et tous les jours, quelques-uns, avant d'entrer dans l'atelier, un grand nombre seulement les dimanches et lundis, boivent de l'eau-de-vie de grains, souvent altérée par un acide. Ce n'est pas un, deux verres qu'ils en boivent, souvent ils en prennent jusqu'à s'enivrer, et, chose pénible à dire, la femme partage souvent ces débauches, ces habitudes. S'ils ont des enfants très-jeunes, les mères leur donnent un peu de sirop de pavots, du *dormant*, c'est ainsi qu'elles le nomment, afin de pouvoir rester plus long-temps ; quelques-unes même emportent ces enfants au cabaret, et l'on en a vu les oublier dans ces lieux! Le cœur saigne en voyant les dimanche et lundi ces cabarets, dans lesquels se pressent des individus venant s'exciter, dépenser en vin, en eau-de-vie, ce qu'ils pourraient mieux utiliser en viandes fraîches! Le cœur saigne en voyant ces réunions se prolonger dix, douze heures, au lieu de demander au sommeil le repos dont ils ont si grand besoin! Chose à remarquer, c'est que rarement les hommes se sont livrés à l'ivrognerie avant d'avoir connu des femmes. Y a-t-il là simple coïncidence d'âge, d'habitudes, ou bien est-ce la fréquentation des femmes qui amène cette vie de désordre chez les ouvriers?

On conçoit sans peine l'influence que ces habitudes doivent avoir sur la constitution de ces ouvriers. Aussi jetez un coup d'œil sur leur ensemble, vous les trouvez hâves, tirés, pâles, le bord des yeux rouge, la poitrine souvent étroite, les muscles peu charnus, une grande saleté de corps. La femme, souvent déguenillée, est aussi sale que le mari, et les enfants font pitié; sales, petits, rabougris, scrofuleux, rachitiques. Il y a peu de jours je suis entré dans une petite chambre dans laquelle se trouvaient deux lits, un berceau, des métiers à filer, des oiseaux, et dans laquelle j'ai vu quatre enfants dont le plus âgé avait sept ans. Déjà depuis plus de deux ans il travaillait dans une fabrique, et à la force de ses membres on lui aurait donné quatre ans. Des trois autres, l'un, paralysé, ne pouvait plus quitter la chaise; l'autre, scrofuleux, rachitique; le troisième était à la mamelle. Le mari dévidait, filait. Du reste, il ne paraissait nullement contrarié de sa position, il en causait gaiement et avouait ne pas se priver des *jouissances* du cabaret les dimanche et lundi.

Voilà un tableau incomplet, mais fidèle, de la vie des ouvriers hors de la fabrique. C'est là que les fabricants prennent les ouvriers ; c'est dans ces conditions de santé qu'ils viennent dans les manufactures. Là, que voyons-nous ? Ces enfants pâles, tordus, à 5, 6, 7 ans, sont occupés à rattacher les fils dans les filatures de coton (il s'agira presqu'exclusivement des filatures de coton, de fil, des filteries, comme étant les plus nombreuses à Lille), à détacher et remplacer les bobines.

Un peu plus âgés, à 8, 9, 10 ans, ils dévident à l'aide d'un dévidoir à la main ; ils restent debout, les jambes et les bras écartés du tronc ; plus âgés encore, à 18, 20 ans, ils sont occupés à tourner une grande roue qui met en mouvement les cylindres tournants destinés à retordre le fil. Ici il y a fatigue réelle : il faut déployer debout, le corps infléchi dans divers sens, assez de force. A cet âge ils sont aussi occupés au battage, au chevillage du fil, au battage du coton, lorsque cette dernière opération n'est pas faite à l'aide d'instruments mus par la mécanique.

Dans beaucoup de fabriques, les filles, mêlées aux garçons, se livrent à des propos, des gestes licencieux ; ils sortent le soir ensemble et l'on pressent tout ce qu'il doit en résulter pour les mœurs.

Ces ouvriers, enfants, femmes, hommes faits, restent 13, 14, 15 heures dans les manufactures avec deux intervalles pour les repas. Les chambres sont en général spacieuses ; la ventilation pourrait y être facile ; mais pour retordre, filer le coton, il faut une température humide assez élevée.

Ils travaillent donc 12, 13 heures debout, presqu'immobiles, dans une température douce. Dans les moments de presse les fabricants gardent les ouvriers une partie de la nuit; ou bien ceux-ci prennent chez eux de la besogne et passent ainsi au métier le temps qu'ils devraient consacrer au repos. Nous n'en sommes pas arrivés aux habitudes de certains fabricants, en Angleterre, qui tiennent réveillés les malheureux enfants à l'aide d'un nerf de bœuf! J'aime à croire que jamais en France un exemple de cette nature ne sera suivi! Ces habitudes seront-elles encore long-temps debout? La révolte n'est-elle pas prête à se dresser vivante pour réprouver un pareil traitement? Et l'on vante ensuite bien haut l'industrie britannique! les bienfaits, la grandeur politique qu'elle donne!!

Le soir, rentrés chez eux, ces ouvriers sont entassés dans les caves, les chambres dont nous avons déjà fourni un aperçu. Là le père et la mère se livrent à des disputes, des actes répréhensibles. Les enfants couchent deux à deux, trois à trois, filles, garçons, et cela dans de mauvais lits où pullulent les insectes. A peine couverts, ils ne peuvent dormir, ainsi que cela leur serait si nécessaire.

Quant au gain, un fileur a 3 fr. 3 fr. 50 c. par jour dans les filatures de coton; les enfants 5, 6 fr. par semaine. De sorte qu'un fileur peut gagner 75, 80 fr. par mois, ou 900 par an. S'il voulait les bien employer; si, réuni au prix des journées des enfants, il se servait de ce salaire pour le bien-être de son intérieur! Mais il n'en est rien. Les boissons alcooliques, le tabac, voilà ses principales dépenses, son principal besoin.

Il préfère vivre dans la saleté, dans un taudis, que de se priver de ces boissons.

Dans les filteries le gain des ouvriers est beaucoup moindre. Les hommes ont 1 fr. 50, 1 fr. 60 c. par jour. Les enfants 50, 60 c. par jour. A Lille, au prix où en sont les objets nécessaires à la vie, cette somme est insuffisante. Ces ouvriers ont les mêmes goûts, les mêmes habitudes, les mêmes besoins, la même imprévoyance que ceux qui travaillent dans les filatures de coton. Aussi les filtiers sont-ils les plus malheureux.

S'il vient des chômages, des arrêts dans le travail, c'est alors que l'imprévoyance de l'ouvrier se fait sentir. Il est obligé, pour vivre et nourrir sa famille, de recourir à la charité publique. Aussi, dans les villes de fabrique, le nombre d'ouvriers secourus est-il très-grand. En 1831, pendant la crise commerciale, Roubaix eut à secourir comme indigents 8,000 ouvriers, presque la moitié de sa population.

Je viens d'indiquer sommairement les habitudes, les occupations des ouvriers dans les manufactures récemment et bien établies. Qu'elles étaient différentes il y a 15 ou 20 ans ! C'est alors qu'on pouvait les nommer le tombeau des ouvriers ! Aujourd'hui, en général, dans les établissements d'une certaine importance, les locaux sont spacieux, bien ventilés, chauffés par la vapeur d'eau, maintenus à une température douce. La machine à vapeur, avec ses nombreux rouages, a remplacé les travaux les plus fatigants imposés aux ouvriers. Ils sont plus surveillés, mieux conseillés de la part de leurs chefs. Des améliorations

même ont été introduites : j'aurai soin d'en signaler quelques-
unes.

Il n'en est pas ainsi dans les petites manufactures, dans celles
établies depuis 20, 30 ans. Il n'en est surtout pas ainsi, sous le
rapport hygiénique, des locaux occupés par les ouvriers travaillant isolément chez eux. Là tout concourt à détériorer leur
constitution : absence de métiers mus par la mécanique et
fatigue plus grande ; chambrées trop étroites au rez-de-chaussé,
humides, encombrées, fétides, travail souvent plus prolongée.
En effet, le chef de fabrique, ancien ouvrier lui-même, fait
souvent la concurrence aux anciennes maisons, aux dépens de
la santé des ouvriers, en les obligeant à travailler la nuit, sur
des métiers plus fatigants. Quant aux ouvriers travaillant isolément dans leurs maisons, les tisserands nous offrent cette détérioration de constitution. Ils se servent encore de leurs anciens
métiers. Immobiles, demi-assis, courbés sur l'établi, ils manient
une *échasse* avec laquelle ils serrent les tissus en percutant la
poitrine. Cette position détériore la constitution, aplatit la poitrine et prédispose ces malheureux aux scrofules, à la phthisie
pulmonaire. Les cantons d'Inchy et de Clary nous en ont offert
de nombreux exemples. Dans ce dernier canton, la proportion
des hommes pris aux hommes réformés a été d'un sur trois,
tandis que dans certains cantons de l'arrondissement d'Avesnes
la proportion des réformés aux hommes valides a été d'un sur
1 30.me

Toutefois, la moralité gagne à ce travail isolé. Je me propose
d'examiner, dès que mes occupations m'en laisseront le loisir,

si, malgré les circonstances défavorables dont j'ai parlé, la vie, la constitution, ne sont pas meilleures chez les ouvriers qui travaillent isolément et dans certaines conditions, que chez ceux occupés en masse dans les fabriques.

Voilà la vie des ouvriers ! Que voyons-nous en résumé ? Des individus rabougris, faibles, scrofuleux, entrer très-jeunes dans les fabriques, rester debout, enfermés dans des locaux plus ou moins chauffés, pendant 12, 14 heures; rentrer chez eux dans des chambres infectes où ils ne peuvent reposer : où mille exemples funestes pour leur esprit et leur cœur ont lieu. Et les hommes livrés à des excès en vin, en femmes, prenant tous une nourriture insuffisante ou malsaine.

Comment la constitution générale de cette population ne serait-elle pas profondément altérée? Comment n'y aurait-il pas de scrofuleux, de phthisiques, de bossus, de borgnes? Comment ces individus pourraient-ils être vigoureux, calmes, dociles? Comment le désordre, le vice, ne régneraient-ils pas sans cesse au milieu de nous. On m'a assuré qu'à Valenciennes on avait trouvé, dans une maison, dix-huit individus formant trois générations, vivant pêle-mêle, et ne reconnaissant plus leur père, leur mère, leur frère, leur sœur ! Quelle brutalité !

Si quelque chose étonne, c'est qu'avec les éléments au milieu desquels se trouve une partie de la classe ouvrière, la mortalité ne soit pas plus grande encore. Au reste, voici ce qui est réservé aux malheureux enfants des ouvriers. D'après des statistiques faites dans le Haut-Rhin, à Mulhouse, sur dix enfants il n'y en a pas quatre qui vivent à deux ans.

§ II. Nous nous sommes déjà demandé si l'accusation portée contre le travail des fabriques était fondée ; si lui seul amenait tout le mal que nous déplorons. Nous pouvons répondre maintenant, ou plutôt nous pouvons examiner cette question ; nous connaissons la vie des ouvriers. Trois choses doivent surtout appeler notre attention : 1.º Travail et fatigue dans les manufactures; 2.º Vie animale et de rapports dans la famille ; 3.º Mœurs, habitudes.

1.º Depuis l'introduction et la propagation des machines à vapeur, les travaux très-fatigants ont presque entièrement disparu dans les manufactures. Les cylindres tournants pour la filature sont mis en mouvement par la machine ; le battage du fil, de la laine est aussi opéré par la mécanique. Ce n'est donc pas la fatigue qu'il faut invoquer. Les manouvriers à la campagne, dans les forges, fatiguent plus : et quelle différence dans la constitution physique ! Le défaut d'exercice musculaire, l'immobilité, la station debout ou assise pendant douze heures, pourraient plutôt être invoqués pour expliquer ce non développement des muscles, de toute la constitution.

Les chambres, dans les manufactures d'une certaine importance, sont assez spacieuses, bien ventilées, et l'on ne saurait accuser l'altération chimique de l'air. Il en est très-peu où la température élevée soit nécessaire, et encore, je me suis assuré que les ouvriers étaient libres d'ouvrir les croisées de temps en temps ; de plus, l'ouverture des portes, les roues mises si vite en mouvement, suffisent pour ce renouvellement de l'air.

Si l'air n'est pas altéré dans sa composition de manière à nuire à la constitution, je dirai que, n'excitant pas la peau par sa température, il ne contribue pas au développement de cette constitution.

Au reste, je me suis enquis avec soin de l'état de santé habituel des ouvriers, dans une filterie occupant 120 ouvriers. Dans le courant de l'année, deux seulement ont été malades : l'un a été blessé par un rouage de la machine, l'autre est phthisique et travaillait depuis plus de quinze ans dans la fabrique, ayant toujours toussé.

Dans une filature de coton bien administrée, du 9 mai 1840 au 9 mai 1841, sur 151 ouvriers, il y a eu sept malades, dont un atteint d'eczema syphilitique ; deux enfants atteints de scarlatine (maladie qui a régné épidémiquement); une femme phthisique ; deux se sont alitées pour leurs couches, une par suite d'une chute pendant la gelée. Ainsi, des sept malades, six l'ont été par suite de lésions indépendantes de la vie de fabrique; une seule était phthisique.

Dans une peignerie de lin, travail réputé le plus insalubre, j'ai vu quatre individus livrés à cette opération manuelle depuis cinq, huit, douze ans. Un seul s'était arrêté pour cause de maladie ; il était phthisique. Les détails dans lesquels je suis entré m'ont appris (c'est sa femme qui me les a fournis) qu'il s'était marié il y a douze ans ; qu'il était maigre alors ; que tous les hivers il s'enrhumait. Elle n'attribuait pas cette maladie au peignage du lin, car elle y travaillait depuis huit ans et n'avait rien éprouvé. Son mari, ajoutait-elle, n'était enrhumé que pendant l'hiver, bien qu'il travaillât toute l'année à la peignerie.

Dans les fabriques de céruse même, il y a aujourd'hui assez peu de malades. Dans l'une d'elles, occupant 70, 80 ouvriers, c'est à peine si l'on compte annuellement 9, 10 malades, et encore ce sont des coliques, disparaissant après quatre ou cinq jours de traitement et de repos. C'est par exception, et chez les individus qui s'obstinent à travailler plusieurs années de suite dans la fabrique, qu'on voit survenir ces accidents graves, dus aux émanations de plomb.

Ce n'est pas au travail ni à l'aération établis aujourd'hui dans les manufactures, qu'il faut rapporter une large part de l'altération profonde qui se fait remarquer dans la constitution des ouvriers. Cette opinion serait modifiée sans doute, si elle se rapportait à ce qui avait lieu dans les fabriques il y a vingt ans, avant l'emploi général de la machine à vapeur. Elle serait aussi, peut-être, modifiée s'il s'agissait de ces travailleurs dans leurs maisons basses, humides, et dans les vieilles fabriques.

Dans les filatures de coton, de laine, c'est l'immobilité, le séjour prolongé dans une température douce, qui nuisent, où plutôt c'est l'absence d'excitation générale à la peau, qui nuit au développement de la constitution.

2.º La vie dans les caves, les chambres humides, mal éclairées, la nourriture des ouvriers, ne sont-elles pas pour beaucoup dans la détérioration qui nous occupe? L'air profondément vicié par l'acide carbonique, par les émanations infectes des objets qui se trouvent dans ces chambres, dont nous avons fourni un aperçu, ne peut-il pas nuire à cette constitution? Si l'on entre dans ces chambres, on se trouve suffoqué ; une odeur âcre prend à la gorge ; on est obligé de multiplier les mouvements de la respiration afin d'être moins oppressé. Comment cet air, respiré pendant huit, dix heures de suite, ne porterait-il pas une atteinte profonde à la santé des individus ? C'est ici que l'air est vicié, irrespirable ; c'est ici que l'imprégnation générale des éléments de l'air doit empoisonner toute l'économie ! Et la nourriture ne peut pas corriger l'influence fâcheuse de l'air ambiant ; elle est toute aqueuse ; elle ne saurait que favoriser, que produire même les scrofules, la mollesse des tissus.

Je n'insisterai pas sur la manière d'agir de ces causes sur la nutrition, tant elle est bien connue aujourd'hui. L'expérience mille fois répétée sur des hommes ; les recherches récentes sur l'étiologie de la morve, de la pulmonie, ont montré ce que peut un air vicié sur la constitution de tout ce qui vit.

Je ne crains pas d'être démenti en disant que les caves, les chambres étroites, occupées par les ouvriers, sont beaucoup plus malsaines que les manufactures ; que l'humidité, l'infection de l'air sont moins marquées dans celles-ci que dans celles-là.

3.º Quant aux mœurs, le débordement est à son comble. Nous avons déjà dit que les père, mère, frères, sœurs vivaient ensemble dans une même chambre, quelquefois dans le même lit ; que des scènes dégoûtantes se passaient dans ces lieux ; que, rentrés ivres les lundis, ils ne retrouvaient pas toujours leurs lits respectifs. Nous avons déjà cité un exemple de ce pêle-mêle, à Valenciennes. J'ajouterai qu'un bon nombre de filles, dans certaines villes de fabriques, se livrent le soir à la prostitution, et loin d'en rougir ; elles en causent librement avec leurs camarades et appellent cette manière de faire : *gagner son cinquième quart de journée.*

Rheims, ville manufacturière, fournit beaucoup de filles aux maisons de prostitution de Paris ; il en est de même à Mulhouse, à Lille. J'ai appris des chefs de fabrique que plusieurs des filles travaillant chez eux faisaient ce métier, ce qu'ils ne pouvaient empêcher.

Il n'est pas rare de voir des individus des deux sexes dévorés par les maladies vénériennes, et cela à l'âge de quatorze, quinze ans. Je tiens d'un prêtre qu'il faut se hâter de faire faire la première communion aux enfants, si l'on veut ne pas les trouver profondément pervertis.

Des filles ont des enfants à quinze, seize, dix-sept ans; plusieurs se marient après en avoir eu deux, trois. Les jeunes gens se livrent à des excès avec les femmes dès l'âge de quatorze, quinze, dix-huit ans. Cette cause, ajoutée à toutes celles précédemment indiquées, contribue puissamment à détériorer, à briser ces constitutions originairement si faibles, si débiles. Et je ne parle pas de la gêne, de la misère, plus grandes, que doivent apporter ces nouveaux-nés dans le ménage des ouvriers ; sans compter les chagrins, les fâcheuses dispositions d'esprit qu'amène cet état chez les filles et même chez les garçons.

Ajoutez à toutes ces causes l'habitude de l'ivrognerie chez beaucoup d'entr'eux, et vous verrez comment ils doivent être sujets à des irritations chroniques de l'estomac, de la poitrine ; à une détérioration générale de la constitution ; comment la phthisie, les scrofules, le rachitisme, sont si fréquents à Lille.

Qu'on n'accuse pas trop l'ouvrier d'une pareille conduite. Obligé par ses occupations d'habiter les grandes villes; par son salaire de loger dans des quartiers à bon marché, sales, et aussi dans le plus petit espace possible; de se nourrir d'aliments souvent altérés, à cause de la cherté des aliments de bonne nature; obligé par sa mise, par ses allures, son ignorance, de se séparer du monde, des lieux où il pourrait prendre de bons exemples, il vit brutalement et s'excite comme il peut par le vin, les plaisirs sensuels, les feux d'artifice, les réjouissances publiques, les expositions; l'échafaud même a ses attraits pour lui! Les enfants naissent, vivent au milieu de ce désordre, auquel ils s'habituent, dans lequel ils s'imprègnent tout entiers. Ce qui pourrait étonner, c'est qu'ils fussent autrement qu'on les voit aujourd'hui.

Voilà le mal, voilà les causes de la détérioration physique et morale des hommes dont tous les ans le conseil de révision est témoin dans le département du Nord. Quel est le remède à tant de mal? Je sortirais de mon sujet si j'entrais, avec tous les détails nécessaires, dans l'examen de cette question. Je me contenterai d'indiquer en peu de mots ce remède, et pour cela reprenons la division déjà adoptée. Disons ce que devrait être le travail dans les manufactures; ce qu'il faudrait faire pour les habitations, la nourriture des ouvriers; disons les moyens de modifier les mœurs, les habitudes de ces mêmes ouvriers.

§ III. 1.º *Le travail dans les fabriques.* Depuis la propagation des machines à vapeur, les travaux manufacturiers sont devenus peu fatigants, trop peu peut-être. Les inconvénients dus à quelques émanations fâcheuses ont été en partie évités dans bien des fabriques de céruse, les filatures de coton, le battage, l'épluchage du coton, de la laine, du fil. J'espère que bientôt ces améliorations existeront dans toutes les manufactures.

Le renouvellement de l'air, l'aération pourraient être plus grands. On devrait établir, dans chaque fabrique, des cours, des jardins dans lesquels les ouvriers seraient engagés à promener, à respirer pendant les heures des repos. Ces intervalles serviraient aussi à la ventilation des salles.

J'ai déjà dit que la non altération de l'air ne suffisait pas pour favoriser une bonne constitution; qu'il fallait encore que l'air vînt frapper, exciter la peau; qu'il fallait, par sa température froide et sèche, provoquer une espèce de réaction éminemment propre à augmenter l'énergie de la constitution. Dans ce but, on devrait engager les ouvriers, si faire se peut, à se loger à quinze, vingt minutes de la fabrique, de manière à faire tous les jours un peu d'exercice; ou mieux, à changer leurs occupations : à travailler six, huit mois dans les manufactures, quatre à six mois dans les champs. Grace à cette habitude, les ouvriers cérusiers conservent une forte constitution au milieu de leurs occupations essentiellement insalubres. C'est encore à cette habitude que dans certains cantons de la Suisse, les ouvriers doivent de vivre dans une espèce d'aisance et sans infirmités. Pour les fabricants, il y aurait peu d'inconvénients, car les occupations des simples ouvriers réclament, en général, peu d'intelligence; il suffit de peu de jours pour être au courant de leur besogne.

Les ouvriers trouveraient, dans cette manière de faire, un

remède contre la misère, trop souvent amenée par les chômages; ils y trouveraient un plus grand avantage encore, celui d'une forte et bonne santé, bien, sans contredit, le plus précieux pour eux.

La chose la plus funeste qui ait existé jusque aujourd'hui dans les fabriques, c'est le travail des enfants. J'en ai vu de sept à huit ans qui, depuis deux, étaient dans des filteries; et il n'y a aucune différence entre la durée du travail des enfants et celui des adultes. Lors même que les fatigues de l'atelier ne seraient pas au-dessus de leurs forces, la réclusion, pendant treize à quatorze heures, à un âge où le besoin de mouvement est si impérieux, si nécessaire, doit avoir toujours une funeste influence sur la constitution de ces enfants. La loi votée par la chambre des pairs remédiera un peu à ce grave inconvénient. Elle présentera quelques difficultés d'exécution: des fabricants, des pères eux-mêmes, poussés par la cupidité, chercheront à l'éluder; mais à mesure que les uns et les autres seront mieux éclairés sur leur véritable intérêt, on verra ces mesures adoptées. Il me serait aisé de prouver que pour le fabricant, mieux vaut le travail d'une femme ou d'un homme, que celui de deux enfants rachitiques, tordus; de prouver aux pères de famille et aux enfants, que le temps consacré aux travaux manuels, s'ils l'avaient employé à l'étude, ils y auraient gagné une meilleure constitution et une instruction qui leur permettraient, par leur salaire, de compenser au centuple le petit gain, produit du travail fait très-jeunes, pendant deux à trois ans, dans les fabriques.

En général, la durée du travail est trop longue : douze, quinze heures passées dans une fabrique ; deux, trois en courses, ou pour la préparation de leurs aliments, il ne reste plus aux ouvriers que six à sept heures, passées sur un mauvais lit, pour se reposer de toutes leurs fatigues.

2.º *Les habitations, la nourriture des ouvriers doivent nous occuper.* Nous avons déjà vu que là était la principale cause du délabrement de la constitution ; c'est donc à les modifier qu'il faut s'attacher.

L'administration des villes s'opposera à ce que les caves soient habitées ; il est impossible d'en faire une habitation saine. La ventilation y sera toujours vicieuse, et partant il y aura toujours de l'humidité. L'administration doit faire établir de larges rues dans les quartiers habités par les ouvriers ; veiller à la propreté de ces rues.

Tant que les villes, ou la philanthropie des manufacturiers, n'acquerront pas des locaux destinés au logement des ouvriers, ceux-ci seront pour long-temps encore confinés dans des maisons petites, sales. Les propriétaires de ces petites maisons en voudront tirer le plus de parti possible. L'ouvrier sera toujours obligé de sacrifier une assez grande partie de son salaire pour son logement. Nous avons déjà dit que leurs chambres, sans meubles, coûtaient 80, 90 francs, le cinquième de leur salaire, quand ils travaillent pendant toute l'année.

L'État, la ville, ou une caisse générale des manufacturiers, pourraient, il me semble, faire bâtir de grandes casernes, soit dedans, soit hors des villes ; casernes à un étage. Une chambre du haut et du bas serait consacrée à chaque ménage, avec un petit jardin au besoin. Le prix du loyer serait retenu tous les mois, toutes les semaines, par le fabricant, et versé dans une caisse *ad hoc*. Il y aurait économie et salubrité pour l'ouvrier; ses enfants pourraient, très–jeunes, respirer un air pur, non vicié. Il y aurait économie pour les villes, pour les fabricants. Je regrette de ne pouvoir entrer dans tous les détails que comporterait l'explication de cette pensée.

On alléguera les difficultés pour recevoir, exiger la somme convenue des loyers; on dira que des individus partiront sans payer; que la cherté des terrains auprès des villes, ou dans les villes, rendra très–coûteuse la construction de ces établissements. Ici comme en toutes choses se montrent des inconvénients, des difficultés; on pourrait en triompher. La bourse commune est grande. Si un appel était fait aux classes aisées, il serait entendu. On ne saurait croire, quand on ne l'a pas étudié, combien de secours sont offerts aux malheureux. Il faudrait seulement y mettre plus d'ensemble, plus d'examen, plus de suite. L'État, les villes y trouveraient aussi des avantages réels. Dans quelques années, les hôpitaux, les secours publics absorberont des sommes énormes, si l'on ne prévient pas les maux qui nécessitent ces secours. Je ne parle pas de la sécurité pour tous; elle est évidente.

Quant à l'utilité et au résultat de ces mesures, l'expérience à déjà parlé. Il y a trente ans, les ouvriers des mines d'Anzin étaient disséminés dans des logements bas, humides; leur étiolement était tel, que l'administration en fut effrayée; que des

commissions médicales furent instituées pour examiner ces
maladies, ces constitutions détériorées. Des casernes ont été
bâties et cédées aux ouvriers, moyennant une rétribution payée
à la Société des mines. Depuis cette époque, une grande amélioration s'est fait remarquer sur la constitution de ces ouvriers;
leur mortalité a diminuée.

Cet exemple, donné par la Société des mines d'Anzin, a été
suivi dans l'établissement houillier de Douchy, de Bouchain.
Pour être juste, je dois dire que des habitations de cette nature
avaient été établies tout d'abord, dans les mines du grand *Hornu*,
par M.ᵐᵉ de Gorge, dont la philanthropie égale les lumières.

Dans les grandes forges, les ouvriers ont chacun une petite
maison et un jardin, dans lequel ils cultivent les légumes
nécessaires à leur nourriture. Tous les maîtres de forges sont
aujourd'hui convaincus des avantages que trouve l'ouvrier pour
sa constitution, sa santé, et eux-mêmes pour la sécurité dans
leurs entreprises, leurs travaux, dans l'exécution des mesures
de cette nature.

Dans quelques villes manufacturières, si l'on ne voulait pas
établir des locaux destinés au logement des ouvriers, en
pourrait-on pas élever d'un étage les maisons des quartiers
occupés par eux? Dans le quartier Saint-Sauveur, par exemple,
on gagnerait, de cette manière, assez de local pour faire fermer
toutes les caves et peut-être pour faire ouvrir quelques nou-
velles rues, ce qui favoriserait une meilleure aération.

3.º Seconder les ouvriers dans leurs travaux, leur nourriture,
leurs habitations; les mieux éclairer sur leurs véritables intérêts;

leur faire comprendre l'utilité, l'agrément de la vie de famille ; les devoirs qu'ils ont à remplir envers leurs enfants, envers la société : telles me paraissent être les principales indications à remplir pour remédier au mal moral qui dévore les ouvriers, et pour cela ce n'est pas trop que de demander le concours de tous les rangs, de toutes les intelligences de la société ; de tous les individus qui ont des rapports plus ou moins directs et multipliés avec les ouvriers.

a. Les fabricants y contribueront en diminuant le plus possible les fatigues des opérations manufacturières ; en introduisant dans leurs locaux, leurs usines, tous les moyens hygiéniques néces- saires : (ventilation, propreté, commodité, facilité du travail); en faisant naître, dans l'esprit des ouvriers, des habitudes d'ordre, d'économie ; en récompensant l'assiduité, la propreté, l'ordre dans les travaux, et cela par des primes données dans les fabriques ; en évitant pour les ouvriers toutes les occasions de désordre, de débauches ; supprimant le chômage des lundis ; punissant sévèrement l'ivrognerie; punissant les retards d'arrivée à la fabrique ; ne supportant pas que les enfants soient battus par les ouvriers plus âgés ; en faisant sentir à ceux-ci la nécessité d'une nourriture saine, d'un repos suffisant pour supporter les fatigues du jour ; en n'abandonnant pas les ouvriers pendant leurs maladies ; en les secourant pendant les chômages ; en tenant toujours en éveil leur amour-propre, préservatif de toute action basse et coupable ; en augmentant le prix des journées, selon la cherté des objets nécessaires à la vie.

Dans le but d'obtenir les résultats désirés, des conseils,

composés de chefs de fabrique et de chefs d'ateliers, d'un certain nombre d'états ayant des rapports entr'eux, pourraient être institués. Les membres de ces conseils seraient nommés et renouvelés par tiers tous les ans, par les fabricants et les chefs d'ateliers, ou par l'administration, d'après une liste proposée. Ces conseils se réuniraient une, deux fois par mois, selon les besoins, afin d'examiner tout ce qui peut intéresser les ouvriers. Ces conseils seraient un intermédiaire obligé entre les ouvriers et l'administration municipale.

Je sais que l'amour-propre, la cupidité, les petites jalousies s'opposeront longtemps encore à ces réunions. C'est là un fait inhérent à notre esprit social, à notre esprit d'homme : la réflexion, une bonne volonté, de meilleures institutions peuvent seules faire changer ce qui existe. Mais que les fabricants soient bien convaincus que leurs intérêts sont étroitement liés à celui des ouvriers ; que le travail est mieux et plus tôt fait par des personnes sobres, rangées, qui savent trouver un protecteur dans leurs patrons, que par des individus qui voient toujours les chefs de mauvais œil ; qui toujours sont disposés à rire des malheurs, des pertes qu'ils éprouvent. Que les chefs soient bien convaincus que les zizanies, les brouilles, les caprices qui existent entr'eux, sont de tristes exemples pour les ouvriers, qui, à leur tour, font souvent payer cher aux maîtres le peu d'intérêt qu'ils portent aux ouvriers.

Beaucoup d'ingratitude attend les maîtres qui entreront dans cette voie d'amélioration, je le reconnais tout le premier ; mais assez souvent ils y trouveront une véritable consolation ; souvent même ils y trouveront une fortune assurée. Le secret du succès de plus d'une manufacture, de plus d'une fortune, c'est la bonne et paternelle administration dans ces manufactures, c'est le bien-être de ses ouvriers. Je pourrais en citer des exemples à Lille, et ailleurs, s'il en était besoin.

On dira, plus les ouvriers gagnent, plus ils sont débauchés, et quelques individus vont jusqu'à dire que s'ils sont moins soumis, aussi pervertis, c'est qu'ils sont trop payés. Ce langage ne saurait être dans la bouche de tout homme ayant sérieusement réfléchi. Je regrette de ne pouvoir étudier, examiner ces assertions mensongères ; mais déjà ce rapport a pris une étendue démesurée et je ne saurais l'augmenter encore. Voilà l'inconvénient de toute question dont on ne peut poser que les sommaires. J'espère plus tard me livrer à des études suivies et pouvoir examiner dans tous ses détails plusieurs faits seulement énoncés dans ce travail. J'ajouterai toutefois que les améliorations que je viens d'indiquer sont loin d'être impossibles à établir ; elles sont déjà en partie adoptées par des fabricants, à Lille ou aux environs, à leur grand avantage et celui des ouvriers.

b. A l'administration revient une grande part des travaux à faire pour l'amélioration des classes ouvrières. Elle doit veiller à la salubrité, à la tranquillité, à la propreté des quartiers, des maisons habitées par les ouvriers; elle doit veiller à ce que les aliments achetés par eux sur les marchés soient de bonne qualité, à un prix modéré ; la viande de boucherie devrait être peu ou pas du tout taxée, afin d'en diminuer le prix et d'en permettre le plus possible l'usage à tous. On devrait restreindre le nombre des cabarets, des débits de boissons ; les mieux surveiller. L'administration devrait faire connaître avec soin les scènes de désordre, les cas d'ivrognerie, les actes qui dégradent l'homme, afin d'éviter le plus possible de pareils maux ; elle devrait aussi mettre le même soin à publier les bonnes actions, soit et surtout de la classe ouvrière, soit des classes aisées ; elle devrait accorder des récompenses publiques, des éloges aux bonnes actions et à tout ce qui peut contribuer à l'amélioration des mœurs ; favoriser la publication, à bon marché, des livres de morale et d'utilité publique et les mettre entre les mains des ouvriers. Elle devrait, par tous les moyens possibles, faire naître la confiance des ouvriers dans les caisses d'épargnes, en faire sentir l'utilité. Elle devra veiller à l'exécution de la loi sur les enfants , favoriser le plus possible l'extension des salles d'asile, des écoles primaires.

c. Les classes élevées ont aussi leurs devoirs à remplir envers la classe ouvrière. Elles doivent relever les ouvriers à leurs propres yeux, étendre sur eux leurs conseils, leurs bienfaits ; leur faire sentir la nécessité de se soumettre aux lois de l'état, aux lois de famille ; qu'aucune considération politique ou de religion n'intervienne dans uue action toute de cœur, toute de raison.

Aux prêtres revient l'honneur, et aussi l'immense tâche de faire connaître aux pères et mères les égards qu'ils se doivent entr'eux, ce qu'ils doivent à leurs enfants, à la société, à Dieu. Ils leur feront sentir le rôle important qu'ils jouent dans la société, la nécessité de supporter certaines privations, de supporter leur condition honorable ; ils devront être les confidents de leurs misères, de leurs douleurs. Qu'une morale de tolérance, de résignation leur soit prêchée. C'est là une belle mission digne de Saint-Vincent de Paul, et qui, nous l'espérons, sera comprise par notre jeune clergé.

Je fais ici un appel à tous les hommes de bien. Que les questions brûlantes de la politique soient un moment oubliées ; que l'esprit général se replie sur les améliorations exigées par notre état social ; que la presse, avec ses mille voix, prête son imposant appui à la classe ouvrière ; qu'elle n'enregistre plus ces questions irritantes, trop souvent personnelles, dictées par un esprit de parti exclusif, absolu ; mais qu'elle nous dise les efforts tentés, les résultats obtenus, la direction à suivre pour arriver à l'amélioration de la classe la plus nombreuse et aussi la plus intéressante de la société.

Ces améliorations sont impérieusement réclamées, chacun en sent le besoin, chacun y est intéressé. Que l'on se mette donc sérieusement à l'œuvre ! Qu'on n'oublie pas que si l'état de société exige que les individus sans fortune, sans biens, travaillent pour les besoins de tous, il est du devoir des personnes fortunées de satisfaire le plus possible les besoins des personnes qui leur fournissent leur bien-être ! Qu'elles n'oublient pas que le hasard, la naissance, ont fait souvent tout leur mérite ! Qu'un ouvrier pourrait être à leur place si le hasard l'eût voulu ! Qu'un ouvrier est homme, qu'il en a les qualités, les défauts et aussi les besoins !

Je viens de jeter un coup d'œil sur les causes immédiates de la détérioration physique des ouvriers et sur les moyens de remédier à cette détérioration ; je n'en étudierai pas ici les causes médiates. Je ne recchercherai pas si cette détérioration tient à l'esprit de notre société, tel qu'il est aujourd'hui : ce sera l'objet d'un travail plus complet, plus étendu. Je crains même que les détails dans lesquels je suis entré ne paraissent déplacés dans un opuscule de cette nature. Ils pourraient paraître tels si l'on perdait de vue que j'avais à examiner la nature et les causes des infirmités des hommes renvoyés cette année par le conseil de révision ; que les mauvaises constitutions, les scrofules, tiennent le premier rang par leur nombre et leur gravité. Et les travaux industriels, de fabrique, étant une particularité de ce département, j'ai dû examiner si ce n'était pas là la cause de cette détérioration d'hommes.

CHAPITRE TROISIÈME.

Considérations sur quelques maladies qui, d'après la loi, sont incompatibles avec le service militaire.

J'arrive à la troisième partie de mon travail, à celle qui a pour sujet l'examen des maladies prescrites par la loi comme devant entraîner la réforme. Je n'étudierai pas ici toutes ces maladies, il faudrait pour cela un ou plusieurs volumes, beaucoup plus de temps et de savoir que je n'en puis disposer. J'en passerai quelques-unes en revue ; j'indiquerai, chemin faisant, les précautions à prendre pour éviter l'erreur.

Et d'abord disons qu'un médecin doit toujours avoir en vue la nécessité de donner à l'armée des hommes qui puissent supporter les fatigues de la guerre ; il doit aussi ne pas oublier que de légères infirmités, de légers défauts, ne doivent pas entraîner la réforme, et cela dans le but trop exclusif du bien-être de l'armée ; il doit ne pas perdre de vue que le recrutement est une charge lourde, imposée aux familles, que le sort seul doit décider celle qui le supportera. C'est après avoir bien pesé les infirmités, leur incompatibilité avec le service militaire, que le médecin devra demander le renvoi d'un homme.

Au reste, l'intérêt de l'armée est aussi celui des populations. Si les hommes sont d'une bonne constitution, ils supporteront sans peine les fatigues de la guerre ; après leur congé ils rentreront dans leurs foyers sachant lire et écrire, ayant couru le monde, pouvant mieux se conduire, avec un esprit d'ordre et d'économie. Trop faibles, au contraire, ils ne peuvent supporter les fatigues, les changements de climats ; ils entrent dans les hôpitaux, en sortent, y entrent une deuxième, une troisième fois, pour n'en plus sortir qu'à l'état de cadavre, ou bien avec une maladie incurable pour laquelle ils sont renvoyés dans leurs foyers. Pendant tout leur congé ils ont coûté de grandes sommes à l'Etat sans lui rendre aucun service.

Il est, je le sais, souvent difficile de dire à vingt ans, cet homme se développera, celui-là restera stationnaire ou s'affaiblira ; dans des infirmités peu graves de décider si le service est compatible avec ces infirmités ; il ne faut rien moins pour cela qu'une grande habitude de voir, un jugement rapide et sûr, un examen approfondi de toutes les fonctions et de leur harmonie entr'elles ; une connaissance parfaite de la charpente humaine. Souvent même, en réunissant ces qualités, on tombe dans l'erreur.

Discerner ce qu'il y a de réel ou d'exagéré dans les maladies que les conscrits ont intérêt à évoquer au grand jour pour entraîner leur réforme, et chez les remplaçants dévoiler les ruses employées pour cacher leurs infirmités, n'est pas toujours chose facile et dans laquelle on puisse éviter l'erreur. Elle ne peut paraître telle qu'aux yeux des personnes ne doutant de rien, habituées à trancher sans examen les difficultés les plus grandes.

Une immense responsabilité de conscience pèse sur le médecin qui assiste le conseil ; avec une attention soutenue, un examen sévère, il ne pourra pas toujours éviter l'erreur ; mais il pourra dire pour sa consolation : *J'ai tout fait pour l'éviter.*

EXAMEN DE QUELQUES CAS DE RÉFORME.

1.º L'épilepsie est souvent invoquée comme motif de réforme. Dix fois celle-ci a été prononcée dans notre dernière tournée pour cette infirmité. Pour les maladies non apparentes, la loi exige qu'une attestation soit faite par le maire de la commune et les pères de famille intéressés. Tout en respectant la pensée du législateur, la trouvant bonne même, je dirai qu'elle n'évite pas les abus. Plusieurs maires ont avoué qu'il y a nécessité pour eux à délivrer des certificats, afin de ne déplaire à personne et dans le but de conserver le plus possible des hommes à sa commune. Quant aux pères de famille intéressés, il s'en trouve toujours dont les enfants ont des exemptions légales ; on emploie d'abord ceux-là, puis les sollicitations , les intérêts des bourses établies dans les communes et les petites localités, viennent à bout des autres, et la réforme est prononcée.

Le médecin, que peut-il ici ? Que doit-il faire ? Examiner le facies, l'intelligence de l'individu, son état musculaire ; le questionner sur la longueur des accès, la manière dont ils s'enchaînent, les sensations qu'il éprouve avant et après. Il pourra souvent présumer ou affirmer que l'infirmité est réelle ou simulée. Si l'intelligence, la motilité sont intactes, si la nutrition est bonne, si le sujet dit avoir de *violents et longs accès* tous les huit, dix jours, à coup sûr cet homme est un impôsteur. J'ai la certitude que sur dix hommes réformés, quatre fois cette maladie n'existait pas. Le conseil a prononcé d'après les certificats et l'avis du maire ou de l'adjoint, et dans la crainte de les voir renvoyer à leur arrivée au régiment.

Dans les cas très-douteux, il serait bon d'incorporer ces hommes, de les soumettre à l'examen dans les hôpitaux et de les renvoyer après s'il y a lieu. L'épilepsie est rare, fort heureusement, et cependant tous les ans deux cents individus au moins, réclament dans les hôpitaux pour cette infirmité. Sur ce nombre 199 sont renvoyés de leur demande. Sur cinq à six cents hommes reçus dernièrement dans les 28.ᵉ et 46.ᵉ de ligne, six individus sont entrés à l'hôpital se disant épileptiques. Il a été facile de les confondre d'imposture et tous font aujourd'hui leur service.

2.º Ces réflexions pourraient être appliquées à la surdité. Vingt-quatre ont été réformés cette année pour cette maladie. Quelques-uns, j'en suis persuadé, n'étaient pas sourds. Cette infirmité entraîne, si elle date de long-temps, une physionomie toute particulière qui ne saurait échapper à un œil exercé. Si elle est récente, c'est pour des lésions, soit dans l'intérieur de la bouche ou de l'oreille externe; car ce n'est pas par suite d'une lésion du cerveau qui laisse toujours d'autres traces. Eh bien, il est rare qu'une phlegmasie chronique affecte les deux oreilles; s'il y a phlegmasie elle a laissé des excoriations, des perforations du tympan, des érosions dans le conduit auditif externe et l'on peut constater ces lésions; ou bien ce sont des lésions chroniques de la gorge qu'on peut aussi apercevoir.

8

Quand un individu dit être sourd depuis peu de temps *des deux oreilles,* qu'on ne trouvera pas des traces des lésions déjà indiquées, qu'il n'y aura aucune difformité dans l'oreille, que le malade n'aura pas cet air hébété, inquiet, qui cherche à deviner du regard ; quand surtout il faut crier très-fort pour être entendu, on peut presqu'affirmer qu'il y a supercherie.

Pour les maladies des yeux, deux surtout peuvent être simulées et méritent une attention particulière ; je veux parler des taies sur la cornée et de l'amaurose.

Les premières peuvent être faites artificiellement à l'aide du nitrate d'argent ; la deuxième à l'aide de la belladone déposée sur la conjonctive ou prise à l'intérieur.

3.º Le plus souvent les taies sur la cornée reconnaissent pour cause une ophthalmie chronique dont on trouvera des traces dans le tarse, les paupières, les cils, la conjonctive ; ou bien elles existent seules, sans autre lésion de l'œil.

Si la taie est le résultat d'une cautérisation directe elle sera accompagnée d'une légère inflammation aiguë qu'on ne pourra confondre avec une ophthalmie chronique. De plus le nitrate d'argent mis sur nos tissus, en contact avec l'air, amène toujours une couleur brunâtre qui n'a jamais lieu dans les taies consécutives à une ophthalmie spontanée ; il y a aussi dans le premier une espèce d'escare, une déperdition de substance, d'une certaine manière qu'on ne voit pas dans le second ; je pense qu'on pourra toujours, ou à peu près, les distinguer.

Ce qui ne me paraît pas arrêté d'une manière irrévocable, c'est la nécessité de renvoyer, de réformer pour de légers nuages, des taies snperficielles. Presque toujours ces nuages, ces taies restent stationnaires. A l'œil gauche, ils n'empêchent pas de viser, et quand ils ne sont pas sur l'axe des rayons visuels ils ne diminuent pas la faculté de voir. J'ai examiné des hommes qui avaient fait un long service en Afrique avec des taies sur la cornée et qui se présentaient pour remplacer. J'ai dans mon service un militaire, au régiment depuis quatre ans, porteur depuis dix ans d'une taie qui ne l'empêche pas de remplir ses devoirs militaires.

Je suis disposé à penser que des nuages sur la cornée, résultat d'une ophthalmie ancienne disparue depuis long-temps, existant sur l'œil gauche, sans autre complication, surtout s'ils ne sont pas dans la direction de l'axe visuel, ne devraient pas entraîner la réforme des hommes.

Que si plusieurs médecins arrivaient au même résultat, si le conseil décidait cette question de la manière posée ci-dessus, une instruction ministérielle devrait spécifier, préciser ces cas, afin que tous les officiers de santé, tous les chefs de corps et les membres du conseil de révision s'y conformassent. Souvent des hommes sont réformés par le conseil de révision dans la crainte qu'ils ne soient renvoyés à leur arrivée au régiment. Cette réflexion peut s'appliquer à beaucoup d'autres maladies.

4.º Je ne veux pas ne pas dire quelques mots d'une maladie simulée pour laquelle on invoque la réforme ; c'est l'amaurose. On peut, en effet, à l'aide de la belladone, dilater la pupille, diminuer, abolir la sensibilité de la rétine à tel point que la pupille ne se contracte plus. Celle-ci est très-large, très-ouverte ;

l'œil semble très-noir. La pupille est entièrement immobile sous l'influence de la lumière. Le malade y voit, se conduit, mais ne distingue pas nettement les objets. Pour obtenir cet effet, on applique de l'extrait de belladone à l'angle interne de l'œil, ou bien on prescrit cette substance à l'intérieur. Dans ce cas la dilatation existe sur les deux pupilles ; dans le premier cas une seule est dilatée, si l'on n'a mis de la belladone que sur un œil. Ne peut-on pas distinguer cette dilatation de l'amaurose, de la goutte sereine ? Le plus souvent on y parvient.

Et d'abord l'amaurose est très-rare à vingt ans, et lorsqu'elle a lieu à cet âge, elle est le plus souvent le résultat d'une lésion du cerveau ou des nerfs qui animent l'œil, ou d'une plaie, d'une blessure dont on trouvera des traces. La dilatation pupillaire est rarement portée aussi loin dans l'amaurose que dans la lésion factice qui nous occupe. Dans celle-là la pupille conserve le plus souvent un peu de mobilité ; il n'en est rien dans celle-ci, l'œil de l'amaurotique a quelque chose de fixe, d'arrêté, d'inquisiteur ; on ne trouve rien de semblable dans la dilatation par la belladone ; le malade ne distingue pas nettement les objets, mais se conduit franchement, marche sans hésiter ; il en est bien autrement dans les amauroses anciennes.

Lorsqu'il y a simulation, le plus souvent on trouve à l'angle interne de l'œil et sous la paupière inférieure, une rougeur résultant de l'application du narcotique ; en soufflant l'œil et en odorant de suite, on sent l'odeur vireuse de la belladone ; enfin s'il en est besoin, la notoriété fera le reste. Le malade n'aura pas réclamé au tirage pour mauvaise vue ; il s'est ravisé après avoir consulté un homme de l'art, un misérable qui fait métier de procurer la réforme ; enfin personne ne connaît la lésion dont le conscrit se dit atteint.

Dans notre tournée, deux fois la réforme a été prononcée pour amaurose. L'une d'elles était compliquée de cataracte ; l'autre laissait du doute dans mon esprit, et l'individu a été surtout réformé pour faiblesse de complexion, bien que l'amaurose soit indiquée. La rareté de cette affection est du reste par cela seul établie. Plusieurs fois des dilatations artificielles se sont présentées ; elles ont été bien vite reconnues ; une seule fois j'ai douté. Un seul œil était malade ; il n'y avait pas de rougeur dans la conjonctive ; je ne vis aucune trace de la belladone qui avait dû servir. Le sujet se prêtait si facilement aux épreuves, à l'examen que je faisais, que la pensée d'une simulation qui m'était venue tout d'abord, disparut ; je crus à une aberration dans la sensibilité des pupilles, et cela après l'examen des yeux et après avoir essayé des verres plans, convexes et concaves. J'aurais pu cependant être mis sur la voie de la fraude par la dilatation extrême d'une seule pupille. La réforme fut prononcée, au moment où le maire de la commune dit avoir été prévenu que ce jeune homme avait donné trois cents francs pour être réformé. Un nouvel examen ne m'indiqua rien. Toutefois, l'individu, bien convaincu de fraude, fut compris bon dans le contingent. Le lendemain toute dilatation pupillaire avait disparu.

5.º Deux mots sur une maladie qui a été presque exclusivement observée chez des individus de la classe aisée, ou ayant fait leurs études, de la *myopie*. Nous l'avons surtout observé dans les villes (à Lille, à Douai, à Valenciennes). Dix fois la réforme a été prononcée pour cette maladie dans l'arrondissement de Lille, comprenant 16 cantons; de ces dix, sept existaient chez des habitants de Lille.

Pour s'assurer de l'existence de cette maladie, on emploie des lunettes bi-concaves portant le numéro 3 ou 4. Le médecin examine l'œil qui souvent est saillant, convexe. Tous les individus lisant avec le numéro 3 et ayant l'œil saillant sont-ils myopes? non, certainement. L'aplatissement de la cornée, des humeurs de l'œil plus réfringentes, peuvent donner lieu à la vue courte; un œil enfoncé peut être réellement myope.

Quant à lire avec les lunettes numéro 4, je connais des personnes ayant une très-bonne vue qui, en peu de jours, se sont habituées à lire avec ces lunettes et qui ont été réformées pour myopie. Dans les épreuves on n'oblige pas à lire bien couramment; les objets éloignés qu'on donne à distinguer ne sont pas très-petits et sont presque toujours les mêmes, de sorte qu'il est aisé d'en indiquer le nom, la nature, lors même qu'on les verrait confusément. Je me suis assuré qu'en fermant à demi les paupières et ne laissant arriver à l'œil que peu de rayons lumineux, on voit avec des lunettes portant des verres numéro 4, ce qu'on ne peut pas faire avec les yeux très ouverts.

Comment éviter la fraude? En obligeant les individus, qui réclament leur réforme pour cette infirmité, à lire les yeux largement ouverts; à lire couramment un caractère assez fin, assez serré; à distinguer des objets assez petits et variés. De plus, il faut alterner avec des conserves. Très-souvent les conscrits, n'étant pas prévenus de cette supercherie, tombent dans le piége. Enfin, le véritable myope a une physionomie particulière qui peut éclairer l'esprit du conseil et du médecin. L'un et l'autre n'oublieront pas que la réforme pour cette maladie est surtout invoquée par des individus d'une classe aisée, qui peuvent se livrer à ces exercices oculistiques, qui connaissent ces ruses. Ce n'est pas certainement à une conformation différente des yeux dans les différentes classes de la société qu'il faut attribuer la particularité que je viens de signaler.

6.º Je ne veux pas passer sous silence les cicatrices du col, résultat d'abcès simples ou scrofuleux. Souvent, dans la première enfance, on voit des engorgements, des abcès dans cette région. Plus tard la constitution se modifie, et à 20 ans ce sont des jeunes gens vigoureux, fortement constitués; toute disposition lymphatique, scrofuleuse a disparu. A la vue de ces cicatrices, le conseil n'hésite pas à réformer pour scrofules. Cette manière de faire est-elle fondée? C'est, je pense, aller trop loin. Si les cicatrices sont peu étendues, sans inégalités, sans arêtes; si elles sont solides et ne peuvent, par leur situation, gêner en rien la mise du col d'uniforme; si toute disposition scrofuleuse a disparu, je pense que ces hommes devraient être déclarés propres au service militaire. Je ne veux parler que des cicatrices étroites, peu étendues, sans côte.

7.º L'ampleur, la largeur du thorax, doivent être l'objet d'une sérieuse attention; là, en effet, sont contenus deux des organes qui constituent le trépied vital. Dans le département du Nord surtout, où les maladies du poumon sont si communes, on ne saurait l'examiner avec trop de soin. On veillera à ce que les diamètres soient bien établis, larges. On pourra, chez les individus débiles, s'assurer, à l'aide de la percussion et de l'auscultation, de l'état des organes respiratoire et circulatoire. On dit que ces moyens d'exploration ne peuvent être mis en usage ou présentent des difficultés très-grandes ; je puis affirmer le contraire. Ces moyens m'ont rendu de grands services en me faisant reconnaître des tubercules à l'état cru ayant envahi une partie du poumon. Avec l'auscultation, et *seulement avec elle*, de graves erreurs seront évitées.

8.° L'emphysème pulmonaire, quelques lésions du cœur pourront être ainsi diagnostiqués. Cela m'est arrivé trois fois dans notre tournée. Deux individus réclamaient comme asthmatiques. La nutrition était bonne, la poitrine très convexe, et le conseil était peu disposé à ajouter foi aux assertions de ces conscrits. La percussion, l'auscultation, les voussures antérieures du thorax m'ont permis d'affirmer que ces jeunes gens étaient bien asthmatiques ; que l'asthme était lié à un emphysème pulmonaire ; qu'ils étaient dans l'impossibilité absolue de faire un service militaire. C'est dans des cas analogues que le médecin a besoin de toute la confiance du conseil ; qu'il doit examiner sérieusement les faits, car il peut seul les juger.

9.° Quant à l'examen du cœur, il ne faut pas donner trop d'importance à ces espèces de palpitations qui ont lieu chez presque tous les individus soumis à la visite devant le conseil. Elles sont le plus souvent le résultat de l'examen, de la crainte.

Un seul dans toute la tournée a été réformé pour palpitations, et ici il y avait difformité du thorax, ce qui aurait seul nécessité son renvoi. Les palpitations sont très-rares à 20 ans, chez un homme non habituellement maladif, et qui d'ailleurs réunit les conditions physiques, pour supporter les fatigues de la guerre.

L'hyperthrophie simple, sans complication, que pourraient simuler les palpitations, est extrêmement rare à cet âge, et s'il y a rétrécissement des orifices, le bruit de soufflet qui l'accompagne toujours l'indiquera suffisamment. Je n'ai du reste aucune remarque scientifique à faire sur ces maladies. Un seul a été réformé, et je n'ai pas la crainte que des maladies de ce genre me soient échappées.

10.º Souvent les jeunes conscrits réclament pour claudication, pour épaules plus basses, pour une légère gibbosité, et de cela tout est simulé. Chez les remplaçants, au contraire, leur prestesse, leurs contractions tendent à faire disparaître les difformités déjà signalées. Le meilleur moyen de distinguer la vérité du mensonge, c'est l'examen de l'épine dorsale. Toute claudication, toute dépression ancienne des épaules auront nécessairement modifié la direction de l'épine. Aussi, dans ces cas, il faut faire courber l'individu, de manière à ce que le torse forme, avec ses jambes, un angle de 45 degrés ; compter successivement les apophyses épineuses, et l'on saura si la colonne est droite ou déviée. Or, dans les claudications réelles, la colonne offre une inflexion, une déviation du côté opposé à la claudication ; quand celle-ci est simulée, l'épine n'offre aucune déviation, ou, s'il en existe, c'est plutôt une inflexion latérale de toutes les vertèbres, inflexion plus ou moins marquée, sans dépression partielle, et formant, avec l'axe du bassin, un angle plus ou moins ouvert.

Ce fait seul peut faire dévoiler la fraude. Si la claudication est le résultat d'une fracture de la cuisse ou de la jambe, on en trouvera les traces. De plus, en examinant la hauteur des crêtes iliaques ; en plaçant l'individu à genoux, sur un plan horisontal, on s'apercevra bien vite de la différence qui existe d'une jambe à l'autre, d'une cuisse à l'autre.

Règle générale, *dans la charpente humaine une difformité en amène une autre ;* tout s'équilibre. La poitrine aplatie, rétrécie, amène un rapprochement des épaules en avant ; en arrière une saillie de l'angle inférieur de l'omoplate, de l'angle des côtes, et souvent même une saillie en arrière de la colonne. Un bassin large amène un rapprochement des genoux, souvent une saillie basse des malléoles internes, des pieds plats. Une disposition donnée de la face amène toujours une disposition particulière du crâne, de sa forme. J'ai pu me convaincre que dans la majorité des cas, la forme de la tête peut être expliquée par celle de la face, du col, et non par l'absence ou la saillie de certaines bosses, sur le compte desquelles on a tant parlé et tant écrit depuis Gall.

Si je voulais poursuivre l'examen des difformités, toutes viendraient à l'appui de cette pensée émise, *que tout s'équilibre dans la charpente humaine ;* qu'une difformité doit toujours, à la longue, en amener une autre. Le médecin assistant le conseil ne doit pas perdre de vue ces particularités. Très-souvent elles serviront à faire connaître la vérité.

11.º Les hernies ne nous ont rien offert de particulier. Quelques—unes volumineuses, facilement déplacées ; d'autres, au contraire, ne sortaient qu'avec difficulté, et il fallait les chercher avec soin. C'est en introduisant l'extrémité du doigt indicateur dans l'ouverture inférieure du canal, au moment où l'on fait tousser l'individu, qu'on peut apprécier la sortie de l'intestin et l'état du canal.

12.º La réforme a été prononcée 84 fois pour hernie. Cette lésion était répartie de la manière suivante : une était ombilicale, quatre crurales, soixante-dix-neuf étaient inguinales, parmi lesquelles deux étaient congéniales. De ce nombre, quarante-cinq existaient à droite, trente-deux à gauche ; deux étaient doubles ; les quatre hernies crurales existaient à droite. Quelle est la cause de cette plus grande fréquence de la hernie à droite ? Je ne sache pas que l'explication de cette particularité ait été donnée de manière à ne rien laisser à désirer.

13.º La réforme a été prononcée 261 fois pour varicocèle. Tous, à l'exception d'un seul, qui était double, existaient du côté gauche. De ce nombre, cent existaient chez des individus d'une faible ou d'une mauvaise constitution ; il était pour ainsi dire l'expression de la force physique de l'individu. Cent soixante-une fois il a été observé chez des individus forts, d'une bonne constitution. Les premiers se sont montrés, en général, dans les arrondissements manufacturiers ; ainsi, dans les arrondissements de Valenciennes, de Lille, nous trouvons cent sept varicocèles. Presque tous se remarquent dans les cantons de Valenciennes, de Bouchain, de Lille, Roubaix, Lannoy, Tourcoing, où de nombreux ouvriers sont occupés dans les filatures, les manufactures.

Quelle explication donner de l'existence du varicocèle à gauche? Est-ce la position un peu plus basse du testicule de ce côté qu'à droite? Est-ce à l'accumulation de matières fécales dans l'S iliaque, et à l'obstacle, à la circulation que ces matières peuvent amener, qu'il faut attribuer l'existence presque exclusive de cette lésion du côté gauche? Telles sont les causes qu'on a invoquées; je ne sais si elles sont fondées. Cela ne tient-il pas à une faiblesse des parois des veines de ce côté; à la pose habituelle des bourses à gauche?

Les accidents auxquels sont exposés les malades atteints de varicocèle, sont: des douleurs, des tiraillements dans le scrotum, dans l'aîne, dans les reins même; l'atrophie du testicule correspondant. Toutefois, peu marqué, peu volumineux, il n'apporte à peu près aucune gêne.

Cette lésion est au-dessus des ressources de l'art. On a bien, dans ces derniers temps, à l'aide de pinces, cherché à oblitérer entièrement les veines, à les rendre imperméables et à guérir la maladie. On a aussi pratiqué la castration. Quelques guérisons ont été obtenues, mais les accidents qui souvent accompagnent ces opérations sont si graves, qu'il est prudent de ne pas les pratiquer, à moins de nécessité absolue.

Convient-il de renvoyer dans leurs foyers, ainsi qu'on le fait dans les conseils, tous les hommes atteints de varicocèle, même peu volumineux? Sans doute, pour l'armée, mieux vaut un homme absolument valide; mais avec un léger varicocèle est-on invalide? ne peut-on pas faire un bon service militaire? Je pense que quand la dilatation est faible, qu'elle n'est pas noueuse;

quand le testicule n'est pas diminué de volume; quand la constitution du sujet est forte, je pense, dis-je, qu'un varicocèle, dans ces circonstances, ne saurait empêcher de servir, et il n'est pas rare de rencontrer ces circonstances, car sur 261 réformés, 161 étaient très-forts. Je connais des officiers, des soldats qui mènent très-loin un bon service militaire, très-fatigant, avec des varicocèles. J'ai vu se présenter, pour remplacer, des individus qui avaient séjourné trois, quatre, cinq ans en Afrique, qui avaient fait la plupart des expéditions, libérés depuis deux, trois mois seulement, et qui étaient porteurs de varicocèles assez volumineux; des chirurgiens–majors avaient délivré à ces hommes des certificats de validité.

Aujourd'hui même, j'ai sous les yeux un officier atteint de varicocèle volumineux; il a passé cinq ans en Afrique, et m'a dit pouvoir faire, tous les jours, douze, quinze lieues sans fatigue; j'ai été témoin de son agilité.

De toute part, j'en ai la conviction, on a senti la nécessité de modifier cette manière de faire; partout on a vu avec peine libérer des hommes d'une forte constitution, pour une maladie légère, dont ils ne se doutaient pas même, et cependant on continue, on obéit, et cela dans la crainte que les hommes ne soient renvoyés de leur régiment; de plus, des membres du conseil saisissent cette occasion d'être utiles à leurs recommandés, à leurs administrés. Une explication nette du ministre de la guerre peut seule trancher cet embarras, ces difficultés, ces abus. Les officiers de santé des corps, les membres du conseil de révision seraient tenus de s'y conformer. Je ne veux parler que des varicocèles peu volumineux, sans atrophie du testicule correspondant, et non liés à une faible complexion ; dans les cas contraires c'est une véritable infirmité, incompatible avec le service militaire.

14.° Neuf hypo-spadias ont été réformés ; tous étaient innés. Dans tous, le canal et le gland offraient le même aspect. L'ouverture de sortie de l'urine était située derrière le frein, à un centimètre environ de la base du gland. Cette ouverture, à bords déprimés, disparaissait presque dans les plis de la peau : on eût dit un petit ulcère, arrondi, peu déprimé. La sonde faisait bien voir que c'était là l'extrémité du canal. A une, deux lignes de ce point, à la base du gland et à sa face inférieure, existaient deux petites fossettes de la grandeur d'une tête d'épingle, distantes l'une de l'autre, d'une ligne. Chez tous, le gland était recourbé, abaissé, et ce seul aspect m'a fait reconnaître cette infirmité. Le prépuce n'existait pas en arrière, et le gland était entièrement découvert. En général, la verge était courte.

J'ai pensé que la réforme devait être prononcée, 1.° parce que ces hommes ne pouvaient uriner sans inconvénient pour leurs effets, à moins de prendre la précaution de soulever la verge en haut ; 2.° parce que, avec cette disposition de la verge, la copulation n'est pas facile et fructueuse.

15.° Les deux atrophies des organes génitaux, que nous avons rencontrées, étaient remarquables par les particularités suivantes.

Dans les deux cas, les testicules étaient réduits à l'état rudimentaire ; on ne sentait qu'un léger renflement à l'extrémité des cordons. Chez l'un, la verge ressemblait à celle d'un enfant de quinze à seize mois ; chez l'autre, elle était plus petite encore.

Tous les deux étaient imberbes, avec peu de poils rares au pubis; très-obèses, à formes féminines ; les traits fins, arrondis, gras ; la peau fine, blonde ; les épaules arrondies, basses ; les mamelles assez saillantes, chez l'un surtout, elles étaient très-détachées et semblables aux mamelles d'une jeune fille de 14 à 15 ans. Le bassin était large, les fesses saillantes, les genoux rapprochés. Toute la peau offrait en-dessous un pannicule graisseux, très-épais, très-abondant ; la voix était grêle. En général, j'ai trouvé que le volume des testicules influait beaucoup sur la constitution physique et morale des individus. Plus les testicules étaient volumineux, durs, plus la constitution était forte, alerte, plus l'intelligence semblait développée. C'est là un fait que je crois bien observé, mais qui réclame des confirmations multipliées.

16.o Quant à l'appréciation des pieds plats, des jambes grêles, des orteils un peu saillants, un peu superposés ; des difformités des pieds, comme devant entraîner la réforme, ce n'est pas chose aussi facile qu'on semblerait le penser au premier abord. Sans doute, quand ces lésions sont bien saillantes, bien avancées, un jugement peut être rapidement porté, une décision peut être bientôt prise : tout le monde en convient. Il n'en est pas de même quand ces lésions sont légères. J'ai vu des hommes sortir des corps après un congé, présenter des superpositions d'orteils, des pieds plats, que dans quelques circonstances on eût renvoyés devant le conseil. Il en est de même des varices, des points variqueux. Ce sont des lésions qu'il faut laisser au conseil le soin d'apprécier, et, il faut le dire, le plus souvent cette appréciation se fait dans l'intérêt de l'armée et du pays.

TABLEAU DE CLASSEMENT,

PAR CANTON,

Des maladies qui ont nécessité le renvoi des hommes dans les divers arrondissements du département du Nord.

ARRONDISSEMENT D'AVESNES.

DÉSIGNATION des MALADIES.	Landrecies.	Avesnes-Nord.	Berlaimont.	Avesnes-Sud.	Maubeuge.	Trélon.	Bavay.	Solre.	Le Quesnoy-Est.	Le Quesnoy-Ouest.	TOTAL.	OBSERVATIONS.
				CANTONS DE								
Idiotisme	1	1	»	»	»	»	»	»	»	»	2	
Épilepsie	»	»	»	»	»	»	»	1	»	»	1	
Danse de St.-Guy	»	»	»	1	»	»	»	»	»	»	1	
Teigne	»	»	»	1	»	»	»	»	»	»	1	
Alopécie, suite de teigne	1	»	1	1	»	»	»	»	»	»	3	
Albinisme	»	»	»	»	»	1	»	»	»	»	1	
Surdité	»	1	1	»	»	1	»	»	1	»	4	
Taies sur la cornée	»	1	1	3	1	1	»	»	1	1	9	
Iritis chronique	»	»	»	»	1	»	»	1	»	»	2	
Cataracte	1	1	»	»	»	»	»	»	»	»	2	
Borgne	»	»	»	»	»	»	»	»	»	»	»	
Strabisme	»	»	»	1	»	1	1	»	»	»	3	
Bégaiement	»	»	»	»	»	2	»	1	»	»	3	
Mauvaise denture	1	4	2	1	1	1	»	2	»	1	13	
Goître	1	2	2	1	»	3	»	1	»	1	11	
Palpitations	»	»	1	»	»	»	»	»	»	»	1	
Pleurite	»	1	»	»	»	»	»	»	»	»	1	
Phthisie pulmonaire	»	»	»	»	1	»	»	»	»	1	2	
Mauvaise poitrine	2	1	»	»	1	4	»	1	2	2	13	
Mauvaise constitution	4	2	4	1	8	9	2	4	4	»	38	
Scrofules	2	1	»	4	»	2	»	1	2	1	13	
Cicatrice adhérente non scrofuleuse	1	»	1	»	»	»	»	»	»	1	3	
Faible complexion	2	1	1	4	3	4	2	»	3	6	26	
Gibbosité	»	1	»	2	1	1	»	3	»	»	8	
Hernie inguinale droite	»	»	»	»	2	2	»	»	»	»	4	
Hernie inguinale gauche	1	»	»	»	»	1	2	»	»	»	4	
Hernie crurale	»	»	»	»	»	»	1	»	»	»	1	
Varicocèle avec bonne constitution	»	2	»	2	3	4	»	2	2	2	17	
Varicocèle avec mauvaise constitution	»	»	»	»	2	3	1	1	1	»	8	
Hydrocèle	»	»	1	1	1	»	»	1	»	»	4	
Hydro-sarcocèle	»	»	1	»	»	»	»	»	»	»	1	
Fracture de la cuisse	»	1	»	2	»	»	»	»	»	»	3	
Fracture de la clavicule ou du bras	»	1	»	»	»	1	»	»	1	»	3	
Claudication	»	»	»	1	»	»	»	»	»	»	1	
À REPORTER	17	24	16	26	25	41	9	19	17	16	207	

DÉSIGNATION des MALADIES.	CANTONS DE						TOTAL.
	Orchies.	Marchiennes.	Douai-Nord.	Arleux.	Douai-Ouest.	Douai-Sud.	
Idiotisme	»	1	2	1	»	»	4
Teigne	»	»	1	»	»	»	1
Alopécie, suite de teigne	»	»	1	»	1	»	2
Imperforation de l'oreille gauche	»	1	»	»	»	»	1
Surdité	2	»	»	»	»	»	2
Ophthalmie chronique	»	»	1	1	»	1	3
Taies sur la cornée	2	5	»	»	»	»	7
Iritis chronique	1	»	»	»	1	»	2
Cataracte	»	»	1	»	»	»	1
Borgne	2	»	»	»	1	»	3
Myopie	»	1	»	»	2	»	3
Strabisme	»	»	»	»	1	»	1
Bégaiement	»	»	»	»	1	1	2
Mauvaise denture	»	1	»	»	»	3	4
Phthisie pulmonaire	»	»	»	»	1	»	1
Mauvaise poitrine	2	3	1	1	2	6	15
Mauvaise constitution	6	22	4	9	6	8	55
Scrofules	»	»	1	»	1	1	3
Cicatrice adhérente (non scroful.)	1	1	»	1	»	»	3
Faible constitution	11	10	7	»	11	12	51
Gibbosité	1	1	»	3	2	»	7
Hernie ombilicale	»	»	»	»	»	1	1
Hernie inguinale droite	»	2	»	»	1	2	5
Hernie inguinale gauche	»	»	»	»	1	2	3
Varicocèle avec bonne constit.on	2	3	2	2	3	3	15
Varicocèle avec mauvaise constit.	2	3	1	1	3	»	10
Hypo-spadias	1	»	»	1	»	1	3
Atrophie des organes génitaux	»	»	1	»	»	»	1
Difformité du bassin	»	»	»	»	3	»	3
Luxation du fémur	»	1	»	»	»	»	1
Claudication	»	1	»	1	»	»	2
Mauvaises jambes	»	2	»	»	»	»	2
Ankylose du genou	»	»	»	»	1	1	2
Pieds plats	1	2	»	»	2	1	6
Chevauchement d'orteils	1	1	»	3	2	»	7
Martellement	»	»	»	»	»	1	1
Perte des phalanges	»	1	»	»	»	2	3
Rétraction des doigts	»	1	»	»	»	1	2
A REPORTER	35	63	23	24	46	47	236

DE DOUAI.

DÉSIGNATION des MALADIES.	CANTONS DE						TOTAL.
	Orchies.	Marchiennes.	Douai-Nord.	Arleux.	Douai-Ouest.	Douai-Sud.	
Report.....	35	63	23	24	46	47	236
Varices.	»	»	1	»	»	2	3
Eczéma chronique............	1	»	»	1	»	»	2
Défaut de taille.............	5	4	7	4	2	3	25
Aîné de veuve..............	9	7	4	»	8	6	34
Fils unique de veuve.........	2	2	3	2	4	4	17
Aîné d'orphelins.............	1	1	2	»	»	1	5
Aîné de septuagénaire.	2	1	»	»	»	»	3
Frère au service.............	8	13	5	4	14	8	52
Puiné d'impotent ou de jumeaux.	»	1	1	»	1	»	3
Total des réformés..........	63	92	46	35	75	71	382
— des individus trouvés bons...	49	46	35	34	39	40	243
Total des individus examinés...	112	138	84	69	114	111	625

OBSERVATIONS.

Proportion des réformes.

1.re moyenne , 1 sur 2,56.
2.e   »   1 sur 2.
3.e   »   1 sur 1,68.

La taille moyenne de cet arrondissement est de 1 mètre 665 millimètres.
Minimum (Douai-Sud), 1 mètre 653 millimètres.
Maximum (Orchies) , 1 mètre 684 millimètres.

DÉSIGNATION des MALADIES.	CANTONS DE							TOTAL.
	Merville.	Hazebrouck-Nord.	Hazebrouck-Sud.	Steenvoorde.	Cassel.	Bailleul-Nord-Est.	Bailleul-Sud-Ouest.	
Idiotisme	»	1	1	1	»	»	»	3
Épilepsie	2	»	»	»	»	»	»	2
Teigne	1	»	»	1	1	1	»	4
Alopécie	3	»	»	»	»	»	2	5
Surdité	1	»	»	»	»	»	»	1
Perte des cils	»	1	»	»	»	»	»	1
Taies sur la cornée	2	2	1	2	1	1	1	10
Cataracte	1	2	»	»	»	»	»	3
Myopie	1	»	1	»	»	»	»	2
Strabisme	1	2	»	»	»	»	»	3
Bégaiement	1	»	»	2	1	»	»	4
Mauvaise denture	1	»	»	»	1	»	»	2
Mauvaise poitrine	1	2	1	2	»	1	1	8
Mauvaise constitution	15	9	10	7	6	1	2	50
Faible constitution	14	15	14	8	7	2	9	69
Scrofules	3	2	4	2	5	1	2	19
Cicatrice adhérente scroful.	2	1	1	»	»	1	»	5
Déviation de la colonne vert.	1	»	»	1	»	»	1	3
Gibbosité	»	3	1	1	2	1	1	9
Hernie inguinale droite	1	»	»	»	»	1	»	2
Hernie inguinale gauche	»	1	»	»	»	»	»	1
Varicocèle avec bonne constitution	4	3	5	1	4	2	2	21
Varicocèle avec mauvaise constitution	3	3	3	1	2	»	1	13
Hydro-sarcocèle	1	2	»	1	»	»	1	5
Hypo-spadias	»	»	»	»	»	»	1	1
Fracture de la clavicule	»	»	»	1	»	»	»	1
Cagneux	1	»	»	1	1	»	»	3
Ankylose complète ou incomplète	»	1	»	»	1	1	1	4
Difformité des pieds	1	1	»	1	»	2	»	5
Pied-bot	»	»	»	»	1	»	»	1
Pieds plats	1	1	»	2	1	»	1	6
Chevauchement	»	1	»	»	1	»	»	2
Martellement	1	»	»	»	1	»	»	2
Difformité des mains	»	»	»	1	»	1	»	2
Perte de phalanges	»	1	»	1	»	»	»	2
À REPORTER	63	54	42	37	36	16	26	274

D'HAZEBROUCK.

DÉSIGNATION des MALADIES.	CANTONS DE							TOTAL.
	Merville.	Hazebrouck-Nord.	Hazebrouck-Sud.	Steenvoorde.	Cassel.	Bailleul-Nord-Est.	Bailleul-Sud-Ouest.	
Report.....	63	54	42	37	36	16	26	274
Rétraction permanente des doigts...............	2	»	»	»	2	»	»	4
Atrophie du bras...........	1	»	»	»	»	»	»	1
Atrophie d'une jambe.....	»	»	»	1	»	»	1	2
Varices..............	3	»	»	»	»	1	»	4
Eczéma..............	»	»	1	1	1	»	»	3
Dartres pustuleuses.........	1	»	»	»	»	»	»	1
Cicatrices par brûlure.....	1	»	»	»	»	»	1	2
Engorgement de l'art. tibio-tarsienne.............	»	»	1	»	»	»	»	1
Mort..................	»	1	1	»	»	»	»	2
Défaut de taille..........	3	5	5	4	4	»	1	22
Aîné de veuve...........	4	4	5	2	2	4	2	23
Fils unique de veuve......	6	2	2	3	4	2	1	20
Aîné d'orphelins.........	5	»	1	2	1	»	1	10
Aîné d'impotent.........	»	»	»	1	»	»	»	1
Fils de septuagénaire......	»	1	1	1	1	»	3	7
Frère au service.........	13	7	7	10	8	»	2	47
Total des réformés.......	102	74	66	62	59	23	38	424
—des individus trouvés bons.	48	39	38	38	44	29	28	261
Total des individus examinés.	150	113	104	100	100	52	66	685

OBSERVATIONS.

1.re moyenne , 1 sur 2,60.
2.e   »   1 sur 2,10.
3.e   »   1 sur 1,80.

Cet arrondissement, bien qu'essentiellement agricole, ne nous a pas fourni une bonne constitution générale d'hommes. Nous avons trouvé beaucoup de scrofuleux, et les moyennes sont moins favorables que celles des arrondissements de Douai, Dunkerque, Cambrai même.

Quant à la taille, elle est au-dessous de la moyenne générale de tout le département. Celle-ci étant de 1 mètre 674 millimètres, la moyenne de l'arrondissement d'Hazebrouck est de 1 mètre 677 millimètres. Minimum (Bailleul-Sud-Ouest), 1 mètre 658 millimètres. Maximum (Steenvoorde), 1 mètre 690 millimètres.

DÉSIGNATION des MALADIES.	CANTONS DE							TOTAL.
	Dunkerque-Est.	Dunkerque-Ouest.	Hondschoote.	Bourbourg.	Gravelines.	Wormhoudt.	Bergues.	
Idiotisme.	1	1	1	»	»	»	»	3
Épilepsie.	1	»	»	»	»	»	1	2
Teigne.	»	»	2	1	»	»	»	3
Alopécie, suite de teigne.	»	1	1	2	1	»	1	6
Surdité.	»	»	1	»	»	»	»	1
Surdi-mutité.	»	»	»	1	»	1	»	2
Perte des cils.	»	1	»	»	1	»	»	2
Taies sur la cornée.	1	1	1	»	2	»	3	8
Iritis chronique.	»	»	»	1	»	»	»	1
Cataracte.	»	»	»	»	1	»	»	1
Borgne par suite de fonte de l'œil.	»	»	2	»	1	»	»	3
Myopie.	»	»	»	1	»	»	»	1
Strabisme.	»	»	»	1	»	»	»	1
Mauvaise denture.	1	»	»	1	»	»	1	3
Phthisie pulmonaire.	»	1	»	»	»	»	1	2
Mauvaise poitrine.	»	»	1	»	»	»	1	2
Mauvaise constitution.	4	4	5	4	4	10	16	47
Scrofules.	1	2	4	3	»	»	3	13
Cicatrice adhérente de nature scrofuleuse.	1	»	»	1	1	»	»	3
Cicatrice adhérente non scrofuleuse, par plaie.	»	1	»	»	»	»	1	2
Faible complexion.	6	5	7	6	5	6	15	50
Incurvation de la colonne vert.	»	»	»	1	»	»	1	2
Gibbosité.	1	»	2	2	1	1	2	9
Hernie inguinale droite.	1	»	2	»	»	»	2	5
Hernie inguinale gauche.	»	»	»	»	»	1	1	2
Varicocèle avec bonne constitution.	3	2	6	3	2	2	7	25
Varicocèle avec mauv. cons.	1	1	2	2	1	1	3	11
Fracture du bras.	»	»	1	»	»	»	»	1
Cagneux.	»	»	»	»	»	1	»	1
Tumeur blanche.	»	»	»	1	»	»	1	2
Ankylose complète ou incompl.	1	1	»	1	»	»	2	5
Difformité des pieds.	1	»	1	»	»	»	1	3
Pied-bot.	»	»	»	»	»	»	1	1
Pieds plats.	1	1	2	2	»	»	»	6
Superp.on d'orteils, chev.t	»	»	1	1	»	»	»	2
À REPORTER.	25	22	42	35	19	23	64	230

DE DUNKERQUE.

DÉSIGNATION des MALADIES.	CANTONS DE							TOTAL.
	Dunkerque-Est.	Dunkerque-Ouest.	Hondschoote.	Bourbourg.	Gravelines.	Wormhoudt.	Bergues.	
REPORT.....	25	22	42	35	19	23	64	230
Martellement............	1	»	»	1	»	»	»	2
Difformité des mains......	2	»	»	»	»	»	»	2
Perte de phalanges.......	»	»	»	»	»	»	1	1
Rétraction perman. des doigts.	»	»	1	»	1	»	1	3
Atrophie du bras........	»	»	»	»	1	»	»	1
Amputé du bras.........	»	»	»	1	»	»	»	1
Varices...............	1	1	1	1	»	»	»	4
Eczéma chronique........	»	»	»	1	»	2	»	3
Dartres pustuleuses.......	»	»	»	1	»	»	»	1
Obésité...............	»	»	»	1	»	»	»	1
Mort................	»	1	1	»	»	»	»	2
Défaut de taille..........	2	1	3	2	4	2	4	18
Aîné de veuve...........	4	2	3	3	2	2	4	20
Fils unique de veuve......	5	1	1	6	»	2	2	17
Aîné d'orphelins.........	1	1	»	1	»	1	5	9
Aîné de septuagénaire.....	»	1	1	»	»	»	1	3
Frère au service ou mort en activité de service......	3	1	4	4	4	6	7	29
TOTAL des réformes.......	44	31	57	57	32	38	89	348
— des hommes trouvés bons.	45	37	36	34	21	34	35	242
TOTAL des hommes examinés.	89	68	93	91	53	72	124	590

OBSERVATIONS.

1.re moyenne, 1 sur 2,43.
2.e   »   1 sur 2,04.
3.e   »   1 sur 1,73.

Cette proportion est faible; cet arrondissement ne serait pas peut-être aussi heureusement placé sans les circonstances suivantes :

Le voisinage de la mer fait que bien des individus très-jeunes se livrent à des travaux de construction des navires, s'embarquent pour des voyages de long cours. Ceux qui sont ainsi enrôlés sont dispensés du service militaire et comptent bons dans le contingent de l'armée de terre. Il est possible que quelques-uns de ces individus auraient été renvoyés par le conseil de révision, ce qui aurait élevé la moyenne. Dans les deux cantons de Dunkerque, sur 82 soldats pris, 36, près de la moitié, étaient, lors du tirage, déjà classés dans la marine. Du reste, la constitution générale de cet arrondissement est bonne, à l'exception de Bergues, qui nous a offert beaucoup de scrofules, d'hommes mous, lymphatiques.

La taille moyenne de l'arrondissement de Dunkerque est de 1 m. 677 mill. Minimum (Dunkerque-Est), 1m 639 mill. Maximum (Hondschoote), 1m 704 mill.

ARRONDISSEMENT

DÉSIGNATION des MALADIES.	CANTONS DE						TOTAL.
	Cambrai-Est.	Cambrai-Ouest.	Carnières.	Marcoing.	Clary.	Solesmes.	Le Câteau.	
Idiotisme	1	»	1	1	1	»	»	4
Danse de St.-Guy	»	»	1	»	»	»	»	1
Surdité	»	1	»	»	»	2	»	3
Surdi-mutité	»	»	»	»	»	»	1	1
Perte des cils	2	»	1	»	»	»	»	3
Ophthalmie chronique	»	»	»	»	»	1	»	1
Taies sur la cornée	1	»	3	1	1	1	3	10
Iritis chronique	2	»	»	»	»	»	»	2
Cataracte	»	»	»	1	»	»	»	1
Borgne par suite de fonte de l'œil	»	1	»	»	»	1	3	5
Myopie	»	»	»	»	1	1	»	2
Punais	»	»	1	»	»	»	»	1
Bec-de-lièvre	»	»	»	»	»	»	1	1
Bégaiement	»	»	»	»	»	»	1	1
Mauvaise denture	1	5	2	2	4	2	3	19
Goître	»	»	»	»	2	»	»	2
Rétréc. des orifices du cœur	»	1	»	»	»	»	»	1
Phthisie pulmonaire	»	1	»	1	2	»	»	4
Mauvaise poitrine	3	6	8	6	7	2	»	32
Mauvaise constitution	15	15	13	13	25	10	19	110
Scrofules	»	»	4	3	»	»	2	9
Cicatrice adhér. de nat. scrof.	»	»	»	4	»	»	»	4
Cicatrice adhér. non scroful.	»	»	»	»	1	»	»	1
Faibles	7	12	9	7	7	10	3	55
Incurvat. de la colonne vert.	1	»	»	»	2	»	3	6
Gibbosité	1	1	3	1	2	2	2	12
Hernie inguinale droite	1	2	»	1	2	1	»	7
Hernie inguinale gauche	»	»	1	»	3	»	3	7
Hernie crurale droite	1	»	»	»	»	»	»	1
Varicocèle avec bonne constitution	2	6	5	4	1	5	2	25
Varicocèle avec mauvaise constitution	1	4	»	2	1	1	»	9
Hydro-sarcocèle	»	»	»	»	»	1	»	1
Hypo-spadias	1	»	»	»	»	1	1	3
Fracture de la cuisse	»	»	»	»	1	1	»	2
Fracture de la jambe	1	2	»	»	»	»	1	4
Fracture du bras	»	1	»	»	2	»	»	3
À REPORTER	41	58	52	47	65	42	48	353

DÉSIGNATION des MALADIES.	CANTONS DE							TOTAL.
	Cambrai-Est.	Cambrai-Ouest.	Carnières.	Marcoing.	Clary.	Solesmes.	Le Câteau.	
Report.....	41	58	52	47	65	42	48	353
Fracture de l'avant-bras...	1	»	»	»	1	»	»	2
Luxation de l'humérus....	»	»	»	»	1	»	»	1
Luxation du radius.......	1	»	»	»	»	»	»	1
Claudication............	1	»	»	»	1	1	»	3
Cagneux...............	»	»	»	1	2	1	»	4
Tumeur blanche.........	»	»	1	1	»	»	»	2
Difformité des pieds......	»	4	»	5	2	»	2	13
Pied-bot..............	»	1	»	1	1	»	»	3
Pieds plats.............	»	4	1	2	3	1	2	13
Chevauchement.........	2	»	»	3	3	»	3	11
Martellement...........	1	»	1	»	1	»	2	5
Rétraction perman. des doigts.	»	»	1	»	»	»	3	4
Perte de phalanges.......	1	»	»	»	»	1	3	5
Atrophie du bras........	»	»	1	»	»	2	1	4
Varices................	2	3	1	2	»	1	»	9
Dartres...............	»	1	»	2	»	»	»	3
Engorgement des jambes...	»	1	1	»	1	»	»	3
Mauv. jambes (difformité)..	»	3	»	4	2	»	»	19
Amputé de l'épaule.......	»	»	»	»	»	»	1	1
Mort....	»	1	»	»	»	»	1	2
Défaut de taille..........	2	7	7	2	14	6	3	41
Aîné de veuve...........	2	4	3	»	8	4	9	30
Fils unique de veuve......	14	5	5	4	7	2	3	40
Aîné d'orphelins.........	1	4	»	2	3	2	5	17
Aîné de septuagénaire.....	»	»	»	1	1	1	»	3
Aîné d'un père aveugle....	2	»	»	»	»	»	»	2
Frère au service.........	9	9	11	3	18	7	7	64
Aîné de jumeaux.........	»	»	»	»	»	2	»	2
Total des réformes........	80	105	85	80	134	73	93	651
— des hommes trouvés bons.	50	64	62	63	68	59	62	428
Total des hommes examinés.	130	169	147	143	192	122	155	1079

OBSERVATIONS.

1.re moyenne, 1 sur 2,50. — 2.e id., 1 sur 2,05. — 3.e id., 1 sur 1,74.
La taille moyenne pour tout l'arrondissement est de 1 mètre 662 mill.
Minimum (Le Câteau), 1 m. 655 mill. — Maximum (Marcoing), 1 m.
671 mill.

DÉSIGNATION des MALADIES.	CANTONS DE						TOTAL.
	Bouchain.	Valenciennes-Est.	Valenciennes-Nord.	Valenciennes-Sud.	Condé.	St.-Amand rive droite.	St.-Amand rive gauche.	

DÉSIGNATION des MALADIES.	Bouchain.	Valenciennes-Est.	Valenciennes-Nord.	Valenciennes-Sud.	Condé.	St.-Amand rive droite.	St.-Amand rive gauche.	TOTAL.
Idiotisme.	2	»	1	»	»	»	2	5
Épilepsie.	2	»	1	»	»	»	»	3
Teigne.	1	»	»	»	»	»	»	1
Alopécie, suite de teigne.	»	»	»	1	1	»	1	3
Calvitie.	»	»	»	1	»	1	»	2
Ulcération du cuir chevelu.	»	»	»	»	»	»	1	1
Otorrhée chronique.	»	1	»	»	»	»	»	1
Surdité.	1	»	»	1	»	»	»	2
Surdi-mutité.	1	»	»	»	»	»	»	1
Perte des cils.	»	»	»	»	1	»	»	1
Ophthalmie chronique.	2	»	»	»	»	»	»	2
Taies sur la cornée.	»	1	2	1	»	»	1	5
Cataracte.	»	1	1	»	»	»	»	2
Amaurose.	1	»	»	»	»	»	»	1
Borgne, fonte de l'œil.	1	»	»	»	»	»	»	1
Ptérigion.	»	»	1	1	»	»	»	2
Myopie.	»	»	1	»	»	»	»	1
Strabisme.	1	1	»	»	»	»	»	2
Mauvaise denture.	1	»	2	2	1	»	»	6
Goître.	»	»	»	»	»	»	1	1
Phthisie pulmonaire.	»	»	»	1	»	»	»	1
Mauvaise poitrine.	»	»	1	1	»	2	2	6
Mauvaise constitution.	46	12	22	14	14	13	8	129
Scrofules.	»	1	2	8	2	3	4	20
Cicatrice adhér. scrofuleuse.	1	»	»	1	1	»	»	3
Brûlure (cicatrices).	»	1	»	»	»	»	»	1
Faible complexion.	1	8	2	14	5	6	4	40
Incurvation de la col. vert.	1	»	»	»	»	»	»	1
Gibbosité.	2	»	2	»	2	2	2	10
Hydropisie.	1	»	»	»	»	»	»	1
Hernie inguinale droite.	1	»	1	2	»	2	»	6
Hernie inguinale gauche.	2	1	2	»	»	»	»	5
Hernie crurale droite.	»	»	»	»	1	»	»	1
Varicocèle avec bonne const.	3	3	4	4	4	3	1	22
Varicocèle avec mauv. c.on	3	3	»	3	2	»	»	11
Hydrocèle.	»	»	1	»	»	»	»	1
Hydro-sarcocèle.	»	»	»	»	»	1	»	1
Atrophie des organes génit.	1	»	»	»	»	»	»	1
A REPORTER	75	33	46	55	34	33	27	301

DE VALENCIENNES.

DÉSIGNATION des MALADIES.	CANTONS DE							TOTAL.
	Bouchain.	Valenciennes-Est.	Valenciennes-Nord.	Valenciennes-Sud.	Condé.	St.-Amand rive droite.	St.-Amand rive gauche.	
Report.....	75	33	46	55	34	33	27	301
Fracture de la clavicule....	»	»	»	1	»	»	»	1
Fracture de l'avant-bras...	»	»	»	1	»	1	»	2
Amputé de la jambe......	»	»	1	»	»	»	»	1
Ankylose, tumeur blanche.	»	»	»	»	»	1	»	1
Hydrarthrose..........	»	»	1	»	»	»	»	1
Difformité des pieds......	3	»	»	»	»	»	»	3
Pieds plats............	»	1	»	»	»	1	1	3
Chevauchement des orteils..	3	»	1	»	»	»	»	4
Martellement.	»	»	»	»	»	»	1	1
Perte de phalanges.......	»	»	»	»	»	»	1	1
Rétraction perm. des doigts	1	»	»	1	»	»	»	2
Atrophie du bras........	»	»	»	»	1	1	»	2
Atrophie de la jambe.....	»	»	1	»	»	»	»	1
Eczéma chronique........	»	1	»	»	»	1	2	4
Obésité................	1	1	»	»	»	»	»	2
Varices................	3	»	2	3	1	»	»	9
Mort..................	»	»	1	»	»	»	»	1
Défaut de taille..........	5	5	15	6	4	3	1	39
Aîné de veuve...........	13	4	11	4	6	1	3	42
Fils unique de veuve......	»	»	»	4	4	4	1	13
Aîné d'orphelins.........	4	1	2	1	1	1	»	10
Fils de septuagénaire......	1	1	1	»	»	»	»	3
Frère au service ou mort en activité de service......	18	8	6	18	12	4	5	71
Total des réformes.......	127	55	88	94	63	54	42	520
—des individus trouvés bons.	71	37	44	42	42	41	43	320
Total des hommes examinés.	198	92	132	136	105	92	85	840

OBSERVATIONS.

1.re moyenne, 1 sur 2,61. — 2.e id., 1 sur 2,06. — 3.e id., 1 sur 1,85.

Dans les cantons de Valenciennes nous avons trouvé beaucoup d'hommes chétifs, petits, étiolés, travaillant dans les mines. Leur constitution, leur extérieur, ont quelque chose de particulier, et l'on ne saurait ne pas les reconnaître. J'ai souvent deviné ces travailleurs à la teinte rougeâtre de leurs cheveux, à leur haleine fétide, etc. (Voir ce que j'ai dit plus haut dans la Topographie de Valenciennes.)

Quant à la taille, la moyenne pour l'arrondissement est de 1 mètre 671 millimètres. Minimum (Valenciennes-Sud), 1 mètre 662 mill. Maximum (Saint-Amand rive gauche), 1 mètre 689 millimètres.

ARRONDISSEMENT DE LILLE.

DÉSIGNATION des MALADIES.	CANTONS															TOTAL.	OBSERVATIONS.
	Lille-Centre	Lille-Nord-Est	Lille-Ouest	Lille-Sud-Est	Lille-Sud-Ouest	Haubourdin	Lannoy	Roubaix	Tourcoing-Nord	La Bassée	Cysoing	Quesnoy-sur-Deule	Armentières	Seclin	Pont-à-Marcq		
Idiotisme	»	»	»	»	»	»	»	2	»	»	»	»	»	»	»	2	
Épilepsie	»	1	»	»	»	»	1	»	»	1	»	»	»	»	»	3	
Teigne	»	»	»	»	»	»	»	1	»	»	1	»	»	»	»	2	
Alopécie, suite de teigne	1	»	»	»	»	»	»	»	»	»	1	»	1	1	1	4	
Calvitie	»	»	1	»	»	»	»	»	»	1	»	»	»	»	1	3	
Albinisme	1	»	»	»	»	»	»	»	»	»	»	»	»	»	»	1	
Otorrhée chronique	»	1	»	»	»	»	»	»	»	»	»	»	»	»	»	1	
Surdité	»	1	1	»	1	»	»	1	1	»	»	»	»	1	»	7	
Ophthalmie chronique	1	1	1	»	»	»	1	2	2	»	»	»	1	1	»	8	
Taies sur la cornée	3	1	1	4	2	»	4	1	1	1	1	»	2	1	»	25	
Iritis chronique	1	»	»	»	»	»	»	»	1	»	»	»	»	»	»	3	
Cataracte	1	»	»	2	»	»	1	»	»	»	1	»	1	1	»	7	
Amaurose	»	»	»	»	»	»	»	»	»	»	1	»	»	»	»	1	
Borgne par suite de fonte de l'œil	1	1	»	»	»	»	»	1	1	»	1	1	1	1	»	8	
Myopie	3	1	1	1	1	»	1	1	»	1	»	»	»	»	»	10	
Strabisme	1	»	1	»	»	»	»	»	»	»	1	»	»	»	»	3	
Bégaiement	1	1	»	1	»	»	»	»	»	1	1	»	2	1	1	7	
Mauvaise denture	4	2	2	7	1	»	1	1	»	1	»	»	1	1	»	21	
Rétrécissement des orifices du cœur	»	»	»	»	1	»	»	»	»	»	»	»	»	»	»	1	
Emphysème pulmonaire, asthme	»	»	1	»	»	»	»	»	»	»	»	»	»	1	»	2	
Phthisie pulmonaire	»	2	»	2	1	»	»	1	1	1	»	»	1	1	2	11	
Mauvaise poitrine	2	3	»	2	1	»	»	1	1	1	»	2	1	1	1	16	
Mauvaise constitution	12	12	5	17	5	5	20	22	12	3	2	6	5	12	10	141	
Faible complexion	5	8	8	4	8	5	15	22	9	4	7	7	5	12	10	140	
Scrofules	2	2	»	13	5	3	2	13	6	1	4	2	3	2	»	63	
Cicatrice adhérente scrofuleuse	»	»	»	1	»	»	»	2	»	»	»	»	»	2	»	6	
Cicatrice adhérente non scrofuleuse	»	»	»	»	»	»	»	»	»	1	1	»	»	1	»	3	
Incurvation de la colonne vertébrale	»	»	»	1	»	»	2	1	3	»	»	»	»	1	»	8	
Gibbosité	4	2	»	3	2	2	2	4	»	»	»	»	1	1	»	20	
Hydropisie	»	»	»	»	»	»	»	»	»	»	»	»	»	1	»	1	
Paralysie	1	»	»	»	»	»	»	»	»	»	»	»	»	»	»	1	
Fistule incomplète à l'anus	»	»	»	»	»	»	»	»	»	»	»	»	1	1	»	2	
Hernie inguinale droite	2	1	»	2	1	»	1	5	»	1	»	»	1	»	1	16	
Hernie inguinale gauche	2	1	»	1	2	1	»	1	2	»	»	»	»	1	»	13	
Hernie crurale droite	»	»	»	»	1	»	»	»	»	»	»	»	»	»	»	1	
Varicocèle avec bonne constitution	1	2	2	3	1	3	2	4	4	2	»	»	3	3	1	36	
Varicocèle avec mauvaise constitut.	4	3	1	3	»	2	4	8	4	»	»	»	2	1	1	38	
Hydrocèle	»	»	1	2	»	»	»	1	1	»	»	»	»	1	»	6	
À REPORTER	53	46	26	69	53	21	57	95	48	18	23	27	23	37	19	640	

12

DÉSIGNATION des MALADIES.	Lille-Centre	Lille-Nord-Est	Lille-Ouest	Lille-Sud-Est	Lille-Sud-Ouest	Haubourdin	Lannoy	Roubaix	Tourcoing-Nord	Tourcoing-Sud	La Bassée	Cysoing	Quesnoy-sur-Deûle	Armentières	Seclin	Pont-à-Marcq	TOTAL
Report	53	46	26	69	33	21	57	95	46	48	18	25	27	25	37	19	640
Hydro-sarcocèle	»	»	»	1	»	»	»	»	1	»	»	»	»	»	»	»	2
Hypo-spadias	»	»	»	»	»	»	»	»	»	»	»	»	1	»	»	»	1
Fracture de la cuisse	»	»	»	1	»	»	»	»	»	»	»	»	»	»	»	»	1
Fracture de la jambe	»	»	»	»	»	»	»	»	»	»	»	»	»	»	»	»	»
Fracture du bras	»	»	»	»	»	»	»	1	»	»	»	»	»	»	1	»	2
Fracture de l'avant-bras	»	»	»	»	»	»	»	»	»	»	»	»	»	2	»	»	2
Luxation spontanée de la cuisse	»	»	»	»	1	»	»	»	»	»	»	»	1	»	»	»	2
Cagneux	»	1	5	»	»	»	1	»	2	1	1	1	1	»	»	»	13
Tumeur blanche	»	1	1	»	»	»	»	»	»	»	2	»	2	2	»	»	8
Ankylose complète ou incomplète	»	1	1	1	1	»	»	»	»	»	»	1	1	»	1	»	7
Difformité des pieds	2	»	2	1	1	»	2	2	»	»	1	2	1	1	2	»	17
Pied-bot	»	1	»	»	»	»	»	»	»	»	1	»	»	1	»	»	3
Pieds plats	»	»	»	1	1	»	1	»	»	»	1	1	»	»	4	»	9
Superposition, chevauch. des orteils	»	1	1	»	»	»	1	1	1	»	1	1	1	1	1	»	10
Martellement	2	»	»	»	»	»	»	»	»	»	»	»	»	»	»	»	2
Perte de phalanges	»	»	2	2	»	»	»	»	»	»	»	1	1	»	»	2	8
Rétraction permanente des doigts	1	»	»	»	»	»	»	»	»	»	1	1	1	2	1	»	7
Atrophie du bras	1	»	»	1	1	»	1	»	»	»	1	»	1	»	»	»	6
Atrophie de la jambe	»	»	»	»	»	»	1	»	»	»	1	»	1	»	1	»	4
Varices aux jamb. avec bonne const.	1	3	2	»	1	»	2	1	»	1	1	1	1	1	1	»	16
Varices aux jambes avec faible const.	»	2	»	»	»	»	1	1	»	»	1	1	1	»	»	»	7
Eczéma chronique	»	1	»	»	1	»	1	»	»	»	1	»	1	2	1	»	8
Dartres pustuleuses	»	»	»	»	»	»	1	»	»	»	»	»	»	1	»	»	2
Syphilis constitutionnelle	»	»	»	»	»	»	»	»	»	»	»	»	»	1	»	2	3
Ganglion sur le poignet	»	»	»	»	1	»	»	»	»	»	»	»	»	»	»	»	1
Mort	1	»	»	»	»	»	1	1	»	»	»	»	»	»	»	1	4
Défaut de taille	13	15	12	20	4	2	4	7	2	4	2	2	1	1	3	3	95
Aîné de veuve	2	4	2	5	2	4	4	3	2	2	3	4	2	6	3	2	50
Fils unique de veuve	5	2	3	5	5	2	2	2	2	3	2	2	2	»	2	2	43
Aîné d'orphelins	2	2	2	1	1	2	»	»	»	2	2	2	1	3	»	»	20
Aîné de septuagénaire	»	»	2	»	1	»	»	»	»	2	2	1	»	»	»	»	8
Aîné d'un père aveugle	»	»	»	»	»	»	1	»	»	2	»	»	»	»	»	»	3
Frère au service ou mort en activité de service	4	6	7	6	9	4	12	20	8	9	5	3	2	5	5	5	110
Total des réformes	87	86	66	114	60	41	89	145	70	77	40	42	46	49	67	36	1115
Total des individus trouvés bons	38	39	37	41	43	44	43	60	42	38	35	36	34	41	41	34	646
Total des individus examinés	125	125	103	155	103	85	132	205	112	115	75	78	80	90	108	70	1764

OBSERVATIONS.

1.re moyenne, 1 sur 2,75.
2.e moyenne, 1 sur 2,20.
3.e moyenne, 1 sur 1,87.

La taille moyenne de l'arrondissement est de 1 mètre 679 millimètres. Minimum (Lille-Centre), 1 mètre 637 millimètres. Maximum (Pont-à-Marcq), 1 mètre 697 millimètres.